J. Oswald Sanders

Menschen wie du und ich

Zwanzig Kurzbiographien
biblischer Personen

Edition VLM

Die Deutsche Bibliothek – CIP-Einheitsaufnahme

Sanders, John Oswald:
Menschen wie du und ich : zwanzig Kurzbiographien biblischer Personen /
J. Oswald Sanders.
[Übers. aus dem Engl.: Litera/Sperling]. – 3. Aufl. – Lahr/Schwarzwald : Verl. der
Liebenzeller Mission, 2001
    (TELOS-Bücher ; 1388 : TELOS-Paperback)
    Einheitssacht.: People just like us ‹dt.›
    ISBN 3-88002-728-5

TELOS-Paperback Nr. 471388

Die englische Originalausgabe erschien unter dem Titel: People just like us
im Verlag Hodder & Stoughton, London
© 1978 by J. Oswald Sanders
Übersetzung aus dem Englischen: Litera/Sperling
© der deutschsprachigen Ausgabe 1979 by Verlag der Liebenzeller Mission,
Lahr/Schwarzwald
Umschlaggestaltung: Grafisches Atelier Arnold, 72581 Dettingen
Gesamtherstellung: St.-Johannis-Druckerei, Lahr/Schwarzwald
Printed in Germany

Inhalt

Einleitung 7

ALTES TESTAMENT
1. *Noah* — Mensch oder Mythos? 9
2. *Sara* — Die Frau, welche lachte 19
3. *Isaak* — Der Mann, der sein Essen liebte 27
4. *Hiob* — In der Hochschule des Leidens 37
5. *Rahab* — Die Romanze mit dem roten Seil 48
6. *Ruth* — Eine unorthodoxe Brautwerbung 56
7. *Jephta* — Ein Robin Hood des Ostens 63
8. *Samuel* — Der Mann mit den sechs Dienstbereichen 72
9. *Salomo* — Der König mit dem leeren Herzen 82
10. *Jona* — Der durch Erfolg entmutigte Prediger 91
11. *Usia* — Der Mann, der zu stark war 103
12. *Nehemia* — Nonkonformist und Tatmensch 110

NEUES TESTAMENT
13. *Andreas* — Ein gewöhnlicher Mensch? 120
14. *Thomas* — Der leidenschaftliche Bekenner 130
15. *Martha und Maria* — Temperament oder Unbeherrschtheit? 139
16. *Barnabas* — Mit Gott verwechselt 148
17. *Stephanus* — Der Mann mit fünffacher Fülle 157
18. *Philippus* — Diakon, Evangelist, Missionar 166
19. *Lukas* — Ein Arzt wird Historiker 176
20. *Apollos* — Der volkstümliche Prediger 185

Fußnoten 193

Einleitung

Es ist nicht von ungefähr, daß sich ein so großer Teil der Bibel mit Lebensbildern befaßt. Wenn die Heilige Schrift von Gott inspiriert ist, so hat er sie uns in dieser Gestalt gegeben, damit wir aus dem Versagen und dem Erfolg dieser mitten im Leben stehenden Männer und Frauen wertvolle geistliche Lektionen lernen können. Viele Gläubige lernen mehr, wenn sie sich mit Menschen als nur mit Lehre allein auseinandersetzen.

Man kann von den unbedeutenderen Bibelgestalten ebensoviel lernen wie von den Glaubensriesen der Vergangenheit. Sie stehen uns auch viel näher als diese. Die biographischen Aufzeichnungen der Bibel sind stark zusammengezogen, vermögen jedoch ein realistisches Bild von einem Menschen in einem einzigen Satz zu malen und das Wesentliche seiner Persönlichkeit aufzuzeigen. Die biblischen Verfasser beherrschen unter der Leitung des Heiligen Geistes die von den Griechen als Ideal angesehene Kunst, «ein Meer von Bedeutungsfülle in einem Sprachtropfen» wiederzugeben.

Menschliche Biographen neigen dazu, sich auf Vorzüge zu beschränken und Unzulänglichkeiten und Vergehen zu verschweigen oder schnell darüber hinwegzugehen. Nicht jeder von uns ist so kompromißlos wie Oliver Cromwell, als er die Bedingung klarmachte, unter der er sich vom Maler Lally porträtieren lassen wollte: «Malen Sie mich, wie ich bin. Wenn Sie eine Narbe oder eine Runzel weglassen, zahle ich Ihnen keinen einzigen Schilling.»

Die biblischen Biographen malen die Narben und Runzeln mit. Sie porträtieren ihre Charaktere genau so, wie sie waren. Sie beschreiben Abraham als Freund Gottes, aber ebenso auch, wie er die Unbescholtenheit seiner Frau zweimal durch Lügen in Gefahr brachte. Sie erzählen von Noahs Wandel mit Gott, aber auch von seiner Trunkenheit. Wie dankbar sollten wir für diesen irdischen Realismus sein, der sich weigert, die Heiligen auf einen Elfenbeinsockel zu stellen, sondern sie als «Menschen wie du und ich» darstellt.

In *Steine von Venedig* schrieb Ruskin: «Kein Mensch ist ohne eine von Gott bestimmte Aufgabe und ohne eine von Gott gegebene Kraft, um sie erfüllen zu können.» In den Charakterstudien dieses Buches sind diese beiden Dinge gepaart; aber manche haben versagt, weil sie sich die von Gott gegebene Kraft nicht zueigneten.

Die für unser Studium ausgewählten Personen kann man kaum wie die im Buche des Verfassers *Menschen des Glaubens* behandelten Persönlichkeiten als Hauptcharaktere bezeichnen. Aber sie sind nichtsdestoweniger Männer und Frauen von Format, und die Beschäftigung mit ihrem Lebensbild lohnt sich.

Um den größten Gewinn aus diesen Studien zu erhalten, sollten sie mit der Bibel in der Hand gelesen werden. Als Hilfe für Verkündiger und Mitarbeiter wird eine ganze Anzahl von Bibelstellen angeführt.

Im Vorwort zu seinem Buch *Die größten Menschen der Bibel* sagte Clarence E. Macartney, einer der größten amerikanischen Prediger der jüngeren Vergangenheit, folgendes: «Am Anfang meines Pastorats an der First Presbyterian Church in Paterson, New Jersey, machte ich die wichtige homiletische Entdeckung, daß die Leute gerne Predigten über biblische Gestalten hören und daß der Prediger über biblische Gestalten natürlicher, leichter und praktischer predigen kann als über irgendein anderes Thema.»

Vielleicht regt dieses Buch manchen Verkündiger an, mit einer Betrachtungsreihe über biblische Charaktere zu beginnen.

Kapitel 1

Noah — Mensch oder Mythos?

Noah wandelte mit Gott.
Noah ... pflanzte einen Weinberg.
Und da er von dem Wein trank, wurde er trunken.
(1. Mose 6,9; 9,21)

Die Bedeutung des Regenbogens, den Gott über Noahs Gebetsaltar als eine immerwährende Verheißung ausspannte, geht verloren, wenn wir uns nicht in die Zeit der Patriarchen zurückversetzen.

Bezugsstellen: 1. Mose 5-10; 1. Chronik 1,4; Jesaja 54,9; Hesekiel 14,14.20; Hebräer 11,7 f.; 1. Petrus 3,20; 2. Petrus 2,5.

Noah und seine Arche sowie Jona und der Fisch sind schon seit langem Zielscheibe des rationalistischen Spottes. Man hat die Geschichte dieser Männer und der damaligen Ereignisse in Frage gestellt und sie mit einem überlegenen Lächeln als interessante Legenden, die gewisse moralische Lektionen vermitteln, abgetan.

Trotz des Zynismus der Theologen und Wissenschaftler hinsichtlich der Authentizität der Berichte über Noah und die Sintflut haben Erforscher von alten Legenden Entdeckungen gemacht, die darauf hinweisen, daß die biblische Erzählung nicht so der Tatsachengrundlage entbehrt, wie dies oft behauptet wird. Man hat eine große Anzahl von Erzählungen ans Licht gebracht, die eine verblüffende Ähnlichkeit mit dem Bericht im ersten Buch Mose aufweisen. Überlieferte Erinnerungen an eine große Flut finden sich sowohl bei zivilisierten Völkern wie auch bei sehr primitiven Bevölkerungsgruppen, und zwar in weit auseinander liegenden Ländern.

Professor Johannes Riem vom Institut für astronomische Berechnungen in Berlin hat Legenden von mehr als dreihundert Quellen gesammelt. In ihnen treten die Hauptmerkmale der biblischen Erzählung häufig in Erscheinung. Er berichtet, daß in 53

Fällen als Grund für die Flut die Verderbtheit des Menschen genannt wird, in 22 der Zorn Gottes. Die Arche erscheint 77mal als ein Schiff oder Boot. 23mal werden die Menschen gewarnt, sich auf ein kommendes Unheil vorzubereiten. 42mal wird ein Berg erwähnt, auf dem die Arche landete. In 10 Fällen wird von der Aussendung von Vögeln von der Arche gesprochen; in 21 erscheint der Regenbogen. In 31 Fällen wird die Sintflut im Zusammenhang mit der Schöpfungsgeschichte erwähnt.[1]

Da diese Legenden aus Indien, China, Europa, Afrika, Australien sowie Nord- und Südamerika stammen, erfordert diese weltweite Überlieferung mit ihrer Ähnlichkeit zur biblischen Erzählung eine Erklärung. Sicherlich läßt sich eine so weitverbreitete und hartnäckige Tradition nicht nach Kavaliersweise als Erfindung oder Mythos abtun. Wenn behauptet wird, es handle sich dabei nur um Überbleibsel missionarischer Propaganda, so ist dem entgegenzuhalten, daß die Geschichten dafür viel zu verbreitet sind, zudem stammen sie auf jeden Fall aus der Zeit vor der Missionstätigkeit.

Hier ist nicht der Ort für eine Diskussion über das Ausmaß der Sintflut, aber es darf im Vorbeigehen festgestellt werden, daß sowohl die Auffassung von einer universalen Flut wie auch die von einer örtlich begrenzten Flut mit Vehemenz vertreten werden, wobei die letztere besagt, daß nur ein Teil der damals bewohnten Welt davon betroffen wurde.

Dogmatismus ist bei diesem Thema nicht gerechtfertigt; aber beim Fehlen schlüssiger Beweise für das Gegenteil scheint 1. Mose 7,19 eher auf eine allgemeine Sintflut hinzuweisen:

«Und die Wasser nahmen überhand und wuchsen so sehr auf Erden, daß alle hohen Berge unter dem ganzen Himmel bedeckt wurden ...»

Weder die eine noch die andere Auffassung würde unüberwindliche Interpretationsprobleme bieten.

Die Geschichtlichkeit von Noah

Was die geschichtliche Realität von Noah selbst betrifft, so erscheint sein Name zusammen mit anderen historischen Gestalten im Geschlechtsregister von 1. Mose 5,28-32. So besitzt er denselben Anspruch auf einen Platz in der Geschichte wie Adam oder

Henoch. Er war der Sohn Lamechs, der zur Seth-Linie gehörte. Der ganze Bericht behandelt ihn als eine geschichtliche Persönlichkeit, wie es auch der Prophet Hesekiel (14,14) tut.

Wie wenn dies nicht ausreichend wäre, fügt der Herr selbst sein Zeugnis hinzu: «Denn wie es in den Tagen Noahs war, so wird es auch beim Kommen des Menschensohns sein. Denn wie es in den Tagen vor der Sintflut war — sie aßen, sie tranken, sie heirateten und ließen sich heiraten bis zu dem Tag, an dem Noah in die Arche hineinging ...» (Matth. 24,37 f.). Noah. Die Sintflut. Die Arche. Auf diese Weise bestätigt unser allwissender Herr die Geschichtlichkeit der biblischen Erzählung. Das zu leugnen bedeutet, ihn entweder der Unwissenheit oder der Unwahrheit zu bezichtigen.

Wenn wir zu einer richtigen Einschätzung dieses großen Charakters des Altertums gelangen wollen, so müssen wir die Zeiten verstehen, in denen er lebte. Die Erde war eingehüllt von tief gesunkener Moral und geistlicher Finsternis. Beachten wir die göttliche Diagnose: «... daß der Menschen Bosheit groß war auf Erden und alles Dichten und Trachten ihres Herzens nur böse war immerdar ... Aber die Erde war verderbt vor Gottes Augen und voller Frevel» (1. Mose 6,5.11). Mit der Ausnahme von Noah und seiner Familie war die menschliche Verderbtheit total. So korrupt war die Gesellschaft geworden, daß es Gott gereute, die Menschen gemacht zu haben (6,6). Mit Erleichterung wenden wir uns der kontrastierenden Person von Noah zu: «Aber Noah fand Gnade vor dem Herrn ... Noah war ein frommer Mann und ohne Tadel zu seinen Zeiten; er wandelte mit Gott» (6,8 f.).

Gott ließ Noah wissen, daß das Menschengeschlecht so verderbt geworden war, daß die einzige Hoffnung darin bestand, «das Ende alles Fleisches» zu beschließen und noch einmal anzufangen. Aber die Gerichtsankündigung bedeutete auch eine Möglichkeit zur Buße und Befreiung: «Siehe, ich will sie verderben mit der Erde. Mache dir einen Kasten von Tannenholz» (6,13 f.).

Das in Verbindung mit Gott gebrauchte Wort «reuen» hat Anlaß zu Mißverständnissen gegeben. Gott ist keineswegs sprunghaft und veränderlich, und so geben moderne Übersetzungen es genauer mit «leid tun» wieder. Gott paßt sich hier den Beschränkungen der menschlichen Sprache an.

Diese Stelle bedeutet einfach, daß Gott wegen der hoffnungslosen Verderbtheit des Menschen sein Verhalten gegenüber der Menschheit ändern und das Gericht über sie kommen lassen wollte.

Die Zustände, die zu diesem Gericht führten, sind etwas geheimnisvoll. «Da sahen die Gottessöhne, wie schön die Töchter der Menschen waren, und nahmen sich zu Frauen, welche sie wollten» (6,2). Die Mischehe zwischen diesen beiden Rassen, was immer sie waren, mündete offensichtlich in die Verderbtheit und den Frevel, welche das Gericht herabzogen.

Manche haben die «Gottessöhne» für Geisterwesen aus der anderen Welt gehalten, die sich mit schönen Frauen des Menschengeschlechts «verheirateten». Diese Auslegung führt zu unüberwindlichen Schwierigkeiten. Nirgendwo in der Heiligen Schrift werden böse Engel Gottessöhne genannt, und gute Engel würden eine solche Sünde nicht begehen.

Etliche Vertreter dieser Auffassung berufen sich auf Judas 6 und 7. Aber diese Verse könnten auch bedeuten, daß «die Sünde der gefallenen Engel geistlicher Natur war, während diejenige von Sodom und Gomorra fleischlicher Natur war ... Menschliche Könige wurden manchmal 'Gottessöhne' genannt, und es scheint natürlicher und biblischer zu sein, sie als fromme Sethiten zu betrachten.»[2]

Noah und seine Söhne begannen mit dem Bau der Arche, indem sie sich an die göttlichen Anweisungen hielten. Die Abmessungen — dreihundert Ellen mal fünfzig Ellen mal dreißig Ellen — würden es zu einem Schiff von ungefähr achtzehntausend Brutto-Register-Tonnen gemacht haben. Schiffbau-Ingenieure haben festgestellt, daß es mit diesen Proportionen ein elegantes und sicheres Wasserfahrzeug gewesen sein mußte, das sich nicht wesentlich von einem modernen Schiff unterschied. Es besaß drei Decks, von denen das untere zweifellos als Lagerraum für die großen Futtervorräte diente, die nötig waren und als Ballast verwendet wurden.

Wenn es, wie behauptet worden ist, ein solches Schiff nicht gegeben hat, so erfordert die Tatsache, daß die korrekten Proportionen für ein Schiff von dieser Größe bekannt waren, eine Erklärung. In seinen *Antiquities* schreibt der römische Geschichtsschreiber Josephus, daß zu seiner Zeit (um 90 n. Chr.) die Reste der mit Pech abgedichteten Arche an den Hängen des Berges Ararat gesehen werden konnten. Sogar in jüngerer Zeit tauchten ähnliche Berichte auf. Expeditionen stiegen auf, um sie nachzuprüfen — bis jetzt allerdings ohne Erfolg.

Eine sehr lange Predigt

Während einhundertzwanzig Jahren mühten sich Noah, seine Söhne und ihre Helfer ab, die Arche zu bauen, und während dieser Zeit wies «Noah, ein Prediger der Gerechtigkeit», auf das drohende Gericht hin.

Diese lange Periode muß im Lichte der Langlebigkeit der Menschen in jenen Tagen und der Größe der Aufgabe verstanden werden. Noah zählte sechshundert Jahre, als die Sintflut hereinbrach.

Der Bau der Arche ist der sich am längsten dahinziehende Glaubenstest, von dem die Bibel berichtet. Die ganze Zeit über empfing der hartgeprüfte Glaube Noahs keine sichtbare Bestätigung. Seine Überzeugung von einer kommenden Sintflut wurde außer seiner Familie von niemandem geteilt. Die öffentliche Meinung stand massiv gegen ihn. Es gab keinen Präzedenzfall, auf den er sich berufen konnte. Nie zuvor hatte es eine solche Flut gegeben. Natur und Erfahrung sprachen gleicherweise gegen ihre Wahrscheinlichkeit. Noah wurde als ein Sonderling und seine Söhne als Narren angesehen.

Aber in blindem, bedingungslosem Glauben akzeptierte der Mann, der mit Gott wandelte, die Offenbarung Gottes und handelte danach. «Und Noah tat alles, was ihm Gott gebot» (1. Mose 6,22). Sein Glaube und sein Gehorsam waren überragend.

Das anschauliche Bild, das uns die göttliche Inspiration vermittelt, macht es beinahe unnötig, auf die Furchtbarkeit der Fluttragödie einzugehen — das Entsetzen von Mensch und Tier, während die Wasser unaufhaltsam stiegen; die plötzliche Veränderung in den Leuten vom Spott zum Glauben; die vergeblichen Bemühungen, in die Arche zu gelangen, als es zu spät war; außerhalb der Arche nichts als Tod und Vernichtung; innerhalb der Arche die Menschen des Glaubens, über der Gerichtsflut dahinschwebend.

Als sich das Wasser endlich verlief und Noah und seine Familie die Arche verlassen konnten, wurde seine echte Frömmigkeit in seiner ersten Handlung offenbar. «Noah aber baute dem Herrn einen Altar ... und opferte ein Brandopfer» (8,20). Das war Ausdruck der Anbetung und des Dankes für ihre Errettung.

Dieser erste in der Bibel erwähnte Altar war ein stillschweigender Hinweis, daß Noah sich der Notwendigkeit eines Sühneopfers für seine Sünde bewußt gewesen war.

Der Regenbogen-Bund

Gott ging gnädig darauf ein, indem er mit Noah und seinen Nachkommen einen bleibenden Bund schloß, während sie in diesen neuen Abschnitt der Weltgeschichte eintraten: «Ich richte mit euch einen Bund auf ... daß hinfort nicht mehr alles Fleisch verderbt werden soll durch die Wasser der Sintflut ... Darum soll mein Bogen in den Wolken sein, daß ich ihn ansehe und gedenke an den ewigen Bund zwischen Gott und allem lebendigen Getier unter allem Fleisch, das auf Erden ist» (1. Mose 9,9-16). Diese göttliche Verpflichtung sollte die Furcht vor einer Wiederholung des schrecklichen Gerichts bannen.

Solchen, die Gottes Verheißung glaubten, verlieh der Regenbogen Zuversichtlichkeit im Blick auf die Zukunft. Nie wieder sollte der Lauf der Natur so drastisch unterbrochen werden. Es war ein anschauliches Zeichen, das Gott mit dem Regenbogen wählte. Seine Schönheit, seine Universalität und seine Fortdauer machten ihn zu einem treffenden Symbol der Gnade und des Erbarmens Gottes.

Der Bericht besagt nicht unbedingt, daß der Regenbogen vorher nie erschienen wäre; aber er hatte jetzt eine neue Bedeutung angenommen, indem er zu einem sichtbaren Unterpfand einer göttlichen Verheißung geworden war.

Der Regenbogen bringt auch uns heute seine Botschaft. «Es gibt nie Regen ohne einen Regenbogen, wenn wir zur richtigen Stelle gehen können, um ihn zu sehen», schrieb Eugene Stock. «Aber Gott ist immer über den Wolken, und immer sieht er ihn.»[3]

Mit diesem Hintergrund erhalten wir ein klares Bild von der Statur dieses Gottesmannes. Er war einer der beiden Männer, von denen geschrieben steht: «Er wandelte mit Gott.»

Noahs Vertrautheit mit Gott gibt uns die Gewißheit, daß es möglich ist, auch in einem ungünstigen geistlichen Klima in beständiger Gemeinschaft mit Gott zu leben. Noahs Wandel führte ihn zwangsweise in die gleiche Richtung wie Gott, und das bedeutete einen Bruch mit seinen Zeitgenossen, die in die andere, entgegengesetzte Richtung gingen.

Der Wandel mit Gott ist ein allen zugängliches Vorrecht, aber er drängt keinem seine Gesellschaft auf.

Glaube in Zeiten moralischen Niedergangs

Noah wird unter den großen Charakteren der Geschichte durch göttliches Lob besonders hervorgehoben: «Denn dich (allein) habe ich gerecht erfunden vor mir zu dieser Zeit» (1. Mose 7,1). Aufgrund seines Glaubens wurde er — wie Abraham — gerechtgesprochen. Die große Verderbtheit der Zeit, in welcher er lebte, ließ das Licht seines Zeugnisses nur um so heller leuchten.

Er wurde nicht nur gerechtgesprochen, sondern er *war* gerecht. «Noah war ... ohne Tadel zu seinen Zeiten» (6,9) — moralisch rechtschaffen, ein Mann fleckenloser Integrität. Deswegen «fand Noah Gnade vor dem Herrn» (6,8).

Die Motivation hinter dieser erstaunlichen Leistung wird in Hebräer 11,7 sichtbar: «Durch den Glauben ehrte Noah Gott und baute die Arche zur Rettung seines Hauses, als er ein göttliches Wort über das, was man noch nicht sah, empfangen hatte. Dadurch sprach er der Welt ihr Urteil und wurde zum Erben der Gerechtigkeit, die durch den Glauben kommt.»

Er hatte keine Angst vor Gott, aber er besaß Ehrfurcht, und das ließ ihn zu unglaublichen Glaubens- und Leistungshöhen emporsteigen.

Weil er von Gottesfurcht durchdrungen war, wurde er «ein Prediger — ein Herold — der Gerechtigkeit», der gegen die Korruption und Verderbtheit seiner Epoche Stellung bezog. Unsere Zeit könnte wieder einen Noah gebrauchen, der wie dieser das Gewissen unserer Gesellschaft wäre. Welch eine Ausdauer besaß sein Glaube — hundert Jahre predigen und kein einziger Bekehrter!

Und wie stand es mit den Arbeitern und Handwerkern, die jahrelang mit ihm an diesem Schiff gebaut, sein gottesfürchtiges Leben beobachtet und sein treues Zeugnis gehört hatten? Weil sie selber nicht glaubten, kamen sie außerhalb der Zufluchtsstätte um, die sie doch selber hatten bauen helfen.

Als ein vollmächtiger Fürbitter wurde Noah auf die gleiche Stufe gestellt mit Daniel und Hiob, zwei der tadellosesten Gestalten antiker Geschichte. Hesekiel, ein Zeitgenosse Daniels, führt diese drei Männer als Beispiel für gerechte Gebetsmenschen an und illustriert an ihnen die ernste Tatsache, daß die Bosheit der Menschen einen Punkt erreichen kann, wo nicht einmal mehr die Gebete solcher gottesfürchtigen Fürbitter das Gericht abwenden können (Hes. 14,14.20).

Noahs unerschütterlicher Glaube verschaffte ihm einen Ehrenplatz in Gottes Ruhmeshalle. Es geschah «durch Glauben», daß Noah die Arche baute und «zum Erben der Gerechtigkeit wurde, die durch den Glauben kommt». Sein Glaube war nicht Theorie. Er bewegte ihn zu einem Handeln, das gewaltige Anforderungen an sein Gottvertrauen stellte. Die Prüfung war um so härter, als er den Glaubenspfad allein zu beschreiten hatte. Daß er sich dem überhandnehmenden Bösen nicht anpaßte, sprach seinen Mitbürgern das Urteil und versetzte die ganze Welt ins Unrecht (Hebr. 11,7).

Ein überschatteter Lebensabend

Es liegt etwas tief Bedauernswertes in der Tatsache, daß nach einer solchen großartigen Leistung seine Sonne teilweise überschattet wurde. Aber biblische Geschichte ist realistisch, und Noah war weder der erste noch der letzte Heilige, der auf dem letzten Abschnitt der Rennbahn noch eine Niederlage erlebte. Auch die besten Menschen sind fehlbar und stehen in Gefahr, den listigen Anläufen des Feindes zu erliegen.

Zwei Sätze bringen das Trauma dieser Seite von Noahs Geschichte zum Ausdruck: «Noah aber baute dem Herrn einen Altar ... Noah aber ... pflanzte einen Weinberg» (1. Mose 8,20 und 9,20). Der Herr begegnete ihm am Altar. Der Teufel verführte ihn im Weinberg. Der Mann, der mit Gott wandelte, erwies sich als ein Mensch genau wie wir und wurde der erste betrunkene Mensch, der in der Bibel erwähnt wird.

Das Versöhnende an diesem Vorfall ist, daß, obwohl er einen bedauerlichen Makel in einem wunderbaren Lebensbild darstellt, Noahs Trunkenheit nicht eine tadelnswerte vorsätzliche Handlung, sondern ein unbeabsichtigter Unfall war. Vermutlich war ihm die Wirkung des Weines nicht bekannt, und törichterweise trank er zuviel davon. Es ist hier nicht notwendigerweise von einer moralischen Verfehlung die Rede.

Das ist eine mögliche Erklärung, aber es gibt noch andere Faktoren, die auf eine Schuldhaftigkeit hinweisen könnten. Das Wort «trank» in Vers 21 bedeutet «viel trinken», so daß der Gedanke an eine Unmäßigkeit nicht ausgeschlossen ist. Es kann außerdem eingewendet werden, daß ein Mensch, der in einer solch engen Gemeinschaft mit Gott lebt, wie es bei ihm der Fall gewesen war, selten in eine Situation verstrickt wird, wo er keine Vorahnung vom Bösen besitzt.

Satan ist im Fallenstellen sehr geschickt. Wie freute er sich hämisch, als er der Welt größten Heiligen, an den Gottes Hoffnungen geknüpft waren, nackt und betrunken am Boden liegen sah.

Nach vielen Jahren der Selbstzucht bot Noah in einem Augenblick der Unbedachtsamkeit dem Feind einen Spalt in seiner Rüstung dar, und dieser schoß den feurigen Pfeil ab. Noah hatte den Schild des Glaubens nicht zur Hand und wurde verwundet.

Niemand sündigt für sich allein

Niemand sündigt für sich allein. Noahs Sünde betraf die ganze Familie. Ob schuldig oder nicht, die Folgen seiner mangelnden Selbstbeherrschung waren tragisch.

Während er in der Benommenheit seines Rausches unbedeckt in seinem Zelt dalag, trieb sein Sohn Ham, bar jeden Respekts und Anstands vor seinem Vater, Scherz mit seiner Blöße. Im Gegensatz dazu zeigten Sem und Japhet Respekt und Schamgefühl. Noahs schmerzgeprägte Reaktion auf Hams Respektlosigkeit rief eine prophetische Aussage hervor, deren Erfüllung noch heute wahrgenommen werden kann (s. 1. Mose 9,25-27).

Durch die Zeitalter hindurch waren die negroiden *hamitischen* Rassen der Unterdrückung ausgesetzt. Die arischen und angelsächsischen *japhetitischen* Rassen sind die großen Eroberer, Kolonisatoren, Bevölkerer — und Missionare gewesen. Die jüdischen und arabischen *semitischen* Rassen sind die Wächter von Religion und Religionslehre gewesen.

Aus diesem unglücklichen Vorfall — die letzten dreihundertfünfzig Jahre sind von Schweigen überzogen — ergeben sich einige Lehren von bleibender Aktualität: Die Stunde des Sieges kann eine Stunde der Gefahr sein. Unser Fortschritt bringt uns nie aus der Reichweite der Versuchung. Es ist nie gefahrlos, unsere Rüstung abzulegen. Die Versuchung kommt im Laufe unserer ehrbaren Verrichtungen an uns heran, und wir wissen nie, wann oder wo sie das nächste Mal zuschlägt. Gläubige können für andere der Anlaß zum Sündigen sein.

Kapitel 2

Sara — die Frau, welche lachte

Darum lachte Sara bei sich selbst ... Da sprach der Herr: Warum lacht Sara? ... Da leugnete Sara und sprach: Ich habe nicht gelacht. (1. Mose 18,12.13.15)
Sara sprach: Gott hat mir ein Lachen zugerichtet; denn wer es hören wird, der wird über mich lachen. (1. Mose 21,6)

«Wir können nie vorsichtig genug sein, um nicht in die alte Sünde zu fallen. Man sollte annehmen, daß Sara nach der bitteren Erfahrung in Ägypten nie wieder zustimmen würde, Tatsachen vorzutäuschen. Es war für die Frau wie für ihren Mann eine deutliche Lektion gewesen, und doch sehen wir, daß sie genau da versagten, wo sie schon einmal versagt hatten ... Wenn wir an den nochmaligen Fehler von so guten Menschen wie Abraham und Sara denken, so erinnert es uns daran, daß wir unser Vertrauen nicht auf uns selbst setzen können.»[1]

Donald Davidson

Bezugsstellen: 1. Mose 11-25; Römer 4,19; 9,9; Hebräer 11,11; 1. Petrus 3,6.

Abraham und Sara lebten nicht in einem abgelegenen, primitiven Ort. Die Stadt Ur war ein an den Kreuzwegen des Ostens gelegenes wichtiges Handelszentrum. Mit ihrem hochentwickelten Bildungs- und Handelswesen wies sie eine fortgeschrittene Zivilisation auf und galt als kulturelles Zentrum in jener Zeit.

Bei einer der ausgegrabenen Schulen entdeckte man, daß sie nicht nur über eine verfeinerte Form des Schreibens verfügt, sondern auch ein System der höheren Mathematik entwickelt hatten. Die Häuser waren groß und gut eingerichtet und hatten bereits fließendes Wasser. Hier stand auch der Tempelturm, wo der Mondgott Nama angebetet wurde.

Es muß eine gewaltige Umstellung für Sara gewesen sein, im Alter von fünfundsechzig Jahren all diesen Komfort und Luxus aufzugeben und ihrem Manne in ein scheinbar zielloses Nomadenleben zu folgen. Sie wußte nicht einmal, wohin sie gingen.

Der Bericht erweckt fast den Eindruck, als hätte sie Abrahams geistliche Einsichten und seine Einstellung nicht geteilt. Ohne Zweifel kostete sie dieser Glaubensschritt weit mehr als ihren Ehemann, und es muß ihr zugute gehalten werden, daß sie bereit war, mitzugehen.

Sara war eine ungewöhnlich attraktive Frau. Ihr Mann war sich dessen bewußt. «Ich weiß, daß du ein schönes Weib bist», sagte er. Als sie nach Ägypten flohen, sahen die Ägypter, «daß seine Frau sehr schön war».

Sie war so bemerkenswert, daß es heißt: «Die Großen des Pharao sahen sie und priesen sie vor ihm» (1. Mose 12,11.14 f.). In den Schriftrollen vom Toten Meer wird die Schönheit ihrer Augen und das Leuchten ihres Angesichts erwähnt.

Offensichtlich war sie eine Frau, welche die Männer zweimal anschauten. Da sie einhundertsiebenundzwanzig Jahre alt wurde, war sie im Vergleich gesehen viel jünger als eine Frau ihres Alters heute, als sie Ur verließen.

Eine glückliche Ehegemeinschaft

Gegenseitigkeit in Liebe und Achtung gestaltete ihr Eheleben glücklich. Abraham war entschiedener Monogamist, und erst als Sara den unheilvollen Fehler beging, Abraham Hagar als Nebenfrau zu geben, wurde der Friede ihres Hauses gestört. Petrus schreibt über ihre Beziehung in empfehlendem Sinn: «... wie auch Sara Abraham gehorchte und ihn Herr nannte» (1. Petr. 3,6). Ihre Einstellung spiegelte das beste kulturelle Muster ihrer Zeit wieder.

Die Namen sowohl von Abram wie Sarai wurden zur gleichen Zeit geändert. Aus Abram — «hoher Vater» — wurde Abraham, «Vater vieler Völker» (1. Mose 17,5). Aus Sarai (die Bedeutung ist ungewiß) wurde Sara, «meine Prinzessin», im Sinne der Mutter des Volkes (17,15). Dies wies auf ihre hohe gesellschaftliche Stellung hin.

Gemäß Kapitel 20,12 war Sara Abrahams Halbschwester, da sie die Tochter seines Vaters, aber nicht seiner Mutter war. Josephus verstand dies im Sinne der jüdischen Tradition, daß Sara die

Tochter von Abrahams Bruder Haran war; in diesem Fall wäre sie Abrahams Nichte gewesen.

Wie immer auch die Verwandtschaftsbeziehung war, sie verlieh dem Anspruch Abrahams eine gewisse Berechtigung zu sagen, sie sei seine Schwester, obwohl das nicht die ganze Wahrheit darstellte. Er hatte guten Grund, auf seine schöne Frau stolz zu sein; aber ihre Schönheit bot den Anlaß zu zwei bedauerlichen Fehltritten.

Das Risiko einer Halbwahrheit

Hungersnot trieb sie nach Ägypten; doch das war nicht das Land, wohin Gott ihre Schritte lenken wollte (1. Mose 12,11).

Weil Abraham die Sitten der orientalischen Könige kannte, fürchtete er sowohl für Sara wie auch für sich selbst. So nahm er Zuflucht zur Täuschung, um seine Haut zu retten. «Sage doch, du seist meine Schwester», riet er Sara, «auf daß mir's wohlgehe um deinetwillen und ich am Leben bleibe» (12,12 f.).

So verließ der Freund Gottes den Hochweg des Glaubens und betrat den trügerischen Pfad der Berechnung. Er war bereit, die Tugend seiner Frau den Interessen seiner eigenen Sicherheit zu opfern. Gewiß war es nur eine Halblüge, die er erzählte. Sara war seine Halbschwester, aber sie war auch seine Frau.

Lügen kann man nicht prozentweise; eine Halbwahrheit ist eine ganze Lüge. Sein Handeln war nicht nur an sich unwürdig, sondern schaffte auch für andere Gelegenheit zu sündigen und verunehrte den Namen Gottes (12,18). Nur das göttliche Eingreifen verhütete eine Tragödie, und Abraham steckte eine wohlverdiente Zurechtweisung von einem heidnischen König ein.

Hätten wir nicht die Unberechenbarkeit und Kompliziertheit unseres eigenen Herzens erlebt, würden wir annehmen, daß eine solche heilsame Erfahrung sie eine lebenslängliche Lektion gelehrt haben sollte. Aber haben wir nicht auch schon denselben Fehler wiederholt, nachdem Gott uns in seiner Gnade vergeben hatte? Es ist eine Erfahrungstatsache, daß frühere Sünden nicht immer einfach sterben. Mit bemerkenswerter Leichtigkeit können sie sich wiederbeleben.

Die Sünden der Jugend haben die Tendenz, sich — vielleicht auf heimtückischere Art — in reiferen Lebensjahren wieder zur

Geltung zu bringen. So war es bei Abraham. Er lief in die alte Falle und zog nicht nur Sara mit hinein, sondern gefährdete auch den König auf seinem Thron (Kap. 20). Einmal mehr griff Gott ein, um seinen Kindern herauszuhelfen, und befahl Abimelech: «So gib nun dem Mann seine Frau wieder ... Wenn du sie aber nicht wiedergibst, so wisse, daß du des Todes sterben mußt und alles, was dein ist.» Wir können nie ermessen, wie weit sich die Folgen einer einzigen Sünde erstrecken.

Als Abraham fünfundsiebzig Jahre alt und Sara zehn Jahre jünger als er war, hatten sie noch immer keine Kinder. Aber anschließend an seinen noblen Verzicht nach seinem Sieg über die fünf Könige (14,22-24) begegnete Gott ihm und verhieß ihm einen Sohn und Erben (15,4 f.). Sara war in diesem Stadium nicht in der Verheißung eingeschlossen, und das dürfte ihren Vorschlag beeinflußt haben, daß Abraham ihre Magd Hagar zur Frau nehmen sollte.

Später wurde auch sie in der Verheißung eingeschlossen — als Mutter des verheißenen Sohnes und des hebräischen Volkes. Wie oft haben sie wohl über ihren langverheißenen Erben gesprochen und Pläne für seine Zukunft gemacht!

Ein fleischlicher Behelf

Wie auf bleiernen Füßen schlichen die Jahre dahin. Noch immer war keine Antwort von Gott da, und alle Hoffnung war geschwunden. Auf Saras Betreiben nahm Abraham die Angelegenheit selber in die Hand — für ein Kind Gottes immer ein gewagtes Unterfangen. Saras Vorschlag, Hagar zur Nebenfrau zu nehmen, würde heute höchst irregulär sein, damals jedoch war es nicht so.

Eine solche Praxis stand im Widerspruch zu den späteren Vorstellungen der Hebräer, entsprach aber dem Hammurabi-Kodex und anderen Abraham bekannten Gesetzen. Eine der gesetzlichen Bestimmungen lautete: «Wenn ein Mann mit einer Frau verheiratet ist und sie ihm keine Kinder geboren hat, und wenn dieser Mann seine Konkubine heiratet und in sein Haus nimmt, dann soll die Nebenfrau seiner Frau nicht gleichgestellt sein.»

Daran hatte Sara wahrscheinlich gedacht, als sie eine Methode vorschlug, mit deren Hilfe Abrahams Herzenswunsch erfüllt werden konnte. Übrigens wurde in Ländern, in denen die Polygamie vorherrschte, mit dem Wort «Frau» in Kapitel 16,3 eine tieferstehende — wenn auch nicht entwürdigende — Beziehung bezeichnet.

Gott handelte nach ihrer Auffassung zu langsam, aber er läßt sich nicht manipulieren und drängen. In seinem Tun mit den Menschen behält er den Zeitfaktor eifersüchtig in seinen eigenen Händen.

Sara und ihr Ehegatte mußten die Kunst des Wartens auf Gott lernen, aber sie lernten sie auf die mühselige Art. Es lohnt sich nie, zu fleischlichen Mitteln zu greifen, um ein geistliches Ziel zu erreichen.

Nach den Gesetzen der damaligen Zeit galt ein von einer Nebenfrau geborener Sohn als Erbe des Vaters. Als Hagar feststellte, daß sie ein Kind bekommen würde, wurde sie darum ihrer kinderlosen Herrin gegenüber anmaßend. Als Sara ihrerseits damit reagierte, daß sie sie schlecht behandelte, wurde die Situation untragbar, und Hagar floh. Sara bereute bitterlich ihre Versuche, Gott bei der Erfüllung seiner Verheißung nachzuhelfen.

Als Folge einer Engelsbotschaft kehrte Hagar zu ihrer Herrin zurück, und Ismael kam auf die Welt. Aber vierzehn weitere Jahre sollten noch bis zur Geburt des verheißenen Erben vergehen. Es war nie Gottes Absicht gewesen, daß Ismael der Erbe sein sollte, «denn der Sohn der Magd soll nicht erben mit dem Sohn der Freien» (Gal. 4,30).

Als Gott gegenüber Abraham die Verheißung eines Sohnes von Sara wiederholte, «da fiel er auf sein Angesicht und lachte und sprach in seinem Herzen: Soll mir mit hundert Jahren ein Kind geboren werden, und soll Sara, neunzig Jahre alt, gebären?» (1. Mose 17,17). Entsprang sein Lachen nicht vollständigem Unglauben, so jedenfalls einem sehr unvollkommenen und zitternden Glauben. Gott tadelte ihn nicht, wie er bei Sara tat, aber er wies entschieden die Bitte zurück, Ismael zu seinem Erben zu machen. Er versprach jedoch Hagar, daß auch Ismael das Haupt einer großen Nation werden würde (17,20). Wahrscheinlich als sanfte Zurechtweisung Abrahams wegen seines ungläubigen Gelächters wiederholte Gott seine Verheißung und fügte hinzu: «Den sollst du Isaak — Gelächter — nennen» (17,19).

In alten Zeiten bediente sich Gott als Selbstoffenbarungsmethode der Theophanie — Gott erschien dem Menschen in einer wirklichen Kundgebung. Dies tat er auch bei Abraham und Sara. Eines Tages saß Abraham vor seinem Zelt in Mamre, als sich drei Fremde näherten. Mit typisch orientalischer Höflichkeit hieß er sie willkommen und bot ihnen seine Gastfreundschaft an.

Während der Vorbereitung des Essens erkundigte sich einer der Männer nach Sara und bezog sich auf die göttliche Sohnesverheißung, indem er ein bestimmtes Datum nannte (18,9 f.). Daran merkte Abraham, daß es sich nicht um gewöhnliche Besucher handelte. Woher hatten sie von diesem Geheimnis erfahren?

Das Lachen des Unglaubens

Von ihrem Platz hinter der Trennwand des leichten Zeltes aus verfolgte Sara die Unterhaltung und «lachte bei sich selbst und sprach: 'Nun ich alt bin, soll ich noch der Liebe pflegen, und mein Herr ist auch alt!'» (18,12). Die Widersinnigkeit und Unglaublichkeit dieses Hinweises war zuviel für sie, und ihr Unglaube fand in einem ungläubigen Lachen Ausdruck.

«Da sprach *der Herr* zu Abraham: Warum lacht Sara ... Sollte dem Herrn etwas unmöglich sein?» (18,14).

Als Sara zum ersten und einzigen Mal von Gott angeredet wurde, fürchtete sie sich und leugnete hastig: «Ich habe nicht gelacht.» Sie erkannte intuitiv, daß sie in der Gegenwart Gottes war und Grund zur Furcht hatte. Die Tatsache, daß der geheimnisvolle Fremde um ihr stimmloses Lachen wußte, obwohl sie für ihn unsichtbar war, erfüllte sie mit heiligem Erschrecken.

Der göttliche Tadel wegen ihres seit langer Zeit andauernden Unglaubens war genau das, was sie brauchte, um den Glauben in ihr zu wecken. Sie hatte gemeint, einige Dinge seien für den Herrn zu schwer, aber von dieser Zeit an scheint es, daß Sara die Verheißung annahm und sie festhielt.

Fünfundzwanzig Jahre nachdem die Verheißung das erstemal ergangen war, traf die Erfüllung ein. Mit etwas geheiligter Vorstellungskraft können wir die Größe der Glaubensprüfung von Sara ein klein wenig ermessen, aber sie endete in einem Lachen. Isaak wurde geboren. Das Unmögliche wurde Wirklichkeit.

In ihrer Freude rief Sara aus: «Gott hat mir ein Lachen zugerichtet; denn wer es hören wird, der wird über mich lachen» (21,6). Diesmal war es ein Freudenlachen über die Rechtfertigung ihres Glaubens. Zuerst war er schwach gewesen, wuchs dann aber, bis er ihr einen Platz unter den Glaubenshelden und -heldinnen verschaffte. «Durch Glauben empfing auch Sara selbst Kraft, Nachkommenschaft zu erhalten trotz ihres Alters, weil sie den für treu achtete, der es verheißen hatte» (Hebr. 11,11). Ihr Glaube erblühte spät, auch wenn sie sich nie zu den Höhen aufschwang, die ihr Ehemann erreichte.

Das ist eine Ermutigung für solche, die älter sind. Glaubenstaten sind nicht nur für die Jungen reserviert; denn Sara war zu dieser Zeit neunzig Jahre alt. Hätte sie andererseits Gottes Verheißung früher geglaubt, wären ihr die Tragödie mit Hagar und die daraus entstandenen schweren Jahre erspart geblieben.

Die allergrößte Prüfung

Saras Lebensgeschichte wäre nicht vollständig ohne die Erwähnung der Opferung Isaaks auf dem Berge Morija, als Abrahams Glaube und Hingabe ihren Höhepunkt erreichten. Soviel uns berichtet wird, zog Abraham weder Sara noch Isaak ins Vertrauen, als er zu jener schicksalhaften Reise aufbrach. Es ist jedoch schwer zu glauben, daß sie aus den Vorbereitungen ihres Gatten nicht schloß, daß dies keine gewöhnliche Reise war. Ob sie und auch Isaak wohl bemerkt hatten, daß sie kein Lamm mit sich nahmen?

Sollten ihr die Tatsachen bekannt gewesen sein, so bewies sie eine große Hingabe an den Willen Gottes, indem sie keinen Einwand gegen die göttliche Forderung erhob.

Ihr Glaube an die Verheißung Gottes war jetzt so stark, daß, wenn Abraham glaubte, Gott könne ihren Sohn von den Toten erwecken (Hebr. 11,19), sie es ihm gleichtat, «denn sie hielt den für treu, der es verheißen hatte». Jetzt glaubte sie, daß für den Herrn nichts zu schwer war.

Josephus berichtet von einer Legende, daß Abraham und Isaak bei ihrer Rückkehr vom Morija Sara an gebrochenem Herzen sterbend vorfanden, aber davon ist in der Bibel natürlich keine Rede.

Der Besitz einer Familien-Grabstätte ist für orientalische Menschen wichtig, aber Abraham war wegen seines Nomadenlebens gar nicht zum Kauf einer solchen gekommen. In seiner denkwürdigen Predigt nahm Stepahnus Bezug auf die Tatsache, daß «Gott ihm (Abraham) kein Eigentum darin (im Lande) gab, auch nicht einen Fuß breit» (Apg. 7,5).

Als Sara im Alter von hundertsiebenundzwanzig Jahren starb, erwarb Abraham die Höhle Machpela als Grabstätte und legte liebevoll seine Prinzessin zur Ruhe. Interessant ist, daß Sara, die Mutter des jüdischen Volkes, die einzige Frau ist, deren Alter, Tod und Begräbnis in der Heiligen Schrift erwähnt sind.

Kapitel 3

Isaak —
der Mann, der sein Essen liebte

Isaak sprach: Jage mir ein Wildbret und mach mir ein Essen, wie ich's gern habe, daß ich esse, auf daß dich meine Seele segne, ehe ich sterbe. (1. Mose 27,4)

«Verglichen mit Abrahams Pilgerschaft und Freundschaft mit Gott war Isaaks Leben erst in zweiter Linie religiös; es war ein Glaube aus zweiter Hand, ja sogar ein zweitklassiger Glaube, der sich aus Furcht, Ergebung und großen Erinnerungen zusammensetzte.»[1]

R. E. O. White

Bezugsstellen: 1. Mose 21-35; Matthäus 22,32; Hebräer 11,17-20.

Man stelle sich die Strapaze vor, in einer Welt zu leben, die nur von Eliassen, Petrussen und Marthas bevölkert wäre! Die Ruhe einer Maria, der stille Ernst eines Lazarus und die Gelassenheit eines Isaak würden eine willkommene Ergänzung zu einer solchen Gesellschaft bilden.

In seiner Weisheit hat Gott uns in der Bibel zu unserer Unterweisung nicht nur die Lebensbilder von draufgängerischen Aktivisten gegeben, sondern auch von gottesfürchtigen, wenn auch eher gewöhnlichen Menschen.

Isaak gehört in diese Kategorie. Er ist mehr durch sein Versagen als durch seine Errungenschaften bekannt. Zwischen den überragenden Gestalten von Abraham, dem Freund Gottes, und von Jakob, dem schlauen Ränkeschmied, steht dieser nicht besonders beeindruckende Mann. Er war von stiller und beschaulicher Art und besaß keine auffallenden Gaben. Sein besonderes Merkmal war, daß er kein besonderes Merkmal besaß. Die kleinen Triumphe, die er erlangte, waren passiver Natur.

«Eine der wichtigsten Lehren der Bibel», schrieb J. B. Job, «ist die große Verschiedenheit der psychologischen Typen, deren Gott sich während der verschiedenen Stadien bei der Entfaltung seines Planes bediente. Und diese Verschiedenheit läßt sich in den Jüngern Jesu erkennen — eine Mischung, wie man sie sich bei zwölf Männern nicht stärker vorstellen könnte.»[2]

Wir im Okzident sollten beachten, daß die orientalischen Maßstäbe für Tugenden sich stark von denen im Westen unterscheiden. Für die Orientalen figurieren passive Tugenden wie Geduld und Pietät den Eltern gegenüber weit vor den im Westen so bewunderten unternehmerischen, aktiven Eigenschaften. Und wer will entscheiden, daß sie nicht recht haben?

Mit diesem Maßstab gemessen, würde Isaak sich in der orientalischen Gesellschaft größerer Achtung erfreuen als in unserer eigenen. Lange vor der Bergpredigt qualifizierte sich Isaak für eine der Seligpreisungen, denn sagte Jesus nicht, daß es die Sanftmütigen sind, die die Erde besitzen werden, und nicht die Kämpferischen?

Allein die Tatsache, daß Isaak eher durchschnittlich war, bringt ihn den meisten von uns näher als die großen Charaktere, welche Bibelgeschichte machten. Er bietet uns ein Beispiel für die Art und Weise, in welcher der Glaube in einem stillen und eher negativen Wesen wirkt. Es gibt viele solcher Männer und Frauen, die einen wichtigen Beitrag in der Körperschaft der Gemeinde leisten.

Im Schatten eines berühmten Vaters

Isaaks Geburt war ein denkwürdiges Ereignis, denn sie bedeutete die Erfüllung einer fünfundzwanzig Jahre alten Verheißung. Sie war ein Wunder göttlichen, von Engeln angekündigten Eingreifens. Von dieser Geburt hing der auf den Segen für die Welt ausgerichtete ewige Ratschluß Gottes ab, denn Gott hatte Abraham verheißen: «Durch dein Geschlecht sollen alle Völker auf Erden gesegnet werden» (1. Mose 22,18).

Es war Isaaks zu wenig bewältigtes Problem, im Schatten eines berühmten Vaters sowie eines brillanten, wenngleich verschlagenen Sohnes — Jakob — zu stehen, ein Problem, das Narben in seiner Persönlichkeit hinterließ. Er glich eher einem Nachfolgenden als einem Vorangehenden. Während der vierzig Jahre unter der elterlichen Autorität entwickelte er zu wenig jene gesunde charakterliche Unabhängigkeit, die für einen reifen Charakter so notwendig ist. Die gleichen Eigenschaften, die seinen Vater groß machten, hemmten die Entfaltung seines Sohnes und brachten nur eine eher farblose Persönlichkeit hervor.

Wir wollen keineswegs die Bedeutung eines gläubigen Elternhauses herabsetzen, doch jeder einzelne muß sich seinen Feinden und Schwächen selbst stellen und sich damit auseinandersetzen, wie vorzüglich seine Eltern auch sein mögen.

Nachdem seit dem Tod Abrahams auch seine starke Hand nicht mehr fühlbar war, entdeckten Isaaks Feinde bald die Schwäche und Passivität seines Sohnes und Erben. Die Philister nutzten diese weidlich aus, indem sie Isaak zwangen, sich in die Wüste und in das Bergland zurückzuziehen, und alle von Abraham gegrabenen Brunnen zuschütteten, wo immer sie auf solche stießen.

Das Problem lag nicht in erster Linie daran, daß Isaak mutlos und verzagt gewesen wäre, sondern daß er, wenn er vor die Alternative «Frieden oder Sieg» gestellt wurde, immer dazu neigte, sich für den Frieden zu entscheiden.

Ein aufschlußreiches Schlaglicht auf seinen Charakter wirft Kapitel 24,63: «Und er war ausgegangen, um zu beten auf dem Felde gegen Abend.» Offenbar war es seine Gewohnheit, die schönen Abendstunden der Meditation und dem Gebet zu widmen. Er schwelgte in der Einsamkeit der Natur und ergötzte sich an der Gemeinschaft mit dem Gott der Schöpfung.

Ein erfolgreicher Landwirt

Sein Leben verlief nicht so negativ, daß er etwa keinen großen Erfolg als Landwirt gehabt hätte, denn wir lesen: «Isaak säte in dem Lande und erntete in jenem Jahre hundertfältig (nicht 100%, sondern 10000%!); denn der Herr segnete ihn. Und er wurde ein reicher Mann und nahm immer mehr zu, bis er sehr reich wurde, so daß er viel Gut hatte an kleinem und großem Vieh und ein großes Gesinde» (1. Mose 26,12-14).

Sein ungewöhnlicher Wohlstand erweckte natürlich den Neid seiner Erzfeinde, der Philister; aber er veranlaßte auch König Abimelech zu der Feststellung: «Wir sehen mit sehenden Augen, daß der Herr mit dir ist» (26,28).

Es ist oft gesagt worden, Isaak hätte Originalität gefehlt. Abraham grub auf seinen Wanderungen von einem Ort zum andern immer neue Brunnen; Isaak dagegen legte die Brunnen, die sein Vater gegraben hatte und von den Feinden zugeschüttet worden waren, wieder frei. Das trifft zu; doch andererseits bewies er eine unbestreitbare Ausdauer, die sich schließlich auszahlte.

Aggressivität und Kampflust sind nicht die einzigen Methoden. Abraham würde zweifellos dem Treiben der Feinde energischen Widerstand entgegengesetzt haben. Jakob würde sie überlistet haben. Aber letzten Endes sicherten Isaaks weniger bombastische Taktiken ihm alles Wasser, das er für seine ausgedehnten landwirtschaftlichen Unternehmungen benötigte.

Es ist eine interessante Tatsache, daß «die Benennung der Brunnen durch Abraham und der Erbrechte seiner Familie auf den Besitz, die Namensänderung durch die Philister (durch die sie die Herkunftsspuren auslöschen wollten), die Wiedereinsetzung der ursprünglichen Namen durch Isaak sowie die Streitigkeiten zwischen den betreffenden Hirten wegen des ausschließlichen Wasserbesitzes Umstände sind, die unter den Bewohnern jener Region auch heute häufig anzutreffen sind».[3]

Eine weitere Eigenschaft Isaaks, die unsere Nacheiferung verdient, war seine Achtung vor den Eltern, eine Tugend, die in der heutigen westlichen Gesellschaft zu einer Rarität geworden ist. Er ehrte seine Eltern und liebte sie zugleich. Unseres Erachtens fügte er sich seinem Vater vielleicht zuviel, und er hätte wohl besser daran getan, in gewissen Dingen selbständiger zu sein. Dies ist keine Aufforderung, gegen die Eltern zu sein. Hier geht es um die Frage der Persönlichkeitswerdung, die einen Prozeß der Verselbständigung braucht, um als Erwachsener selbstverantwortlich «seinen Mann» stehen zu können. Dies schließt keinesfalls die Achtung den Eltern gegenüber aus — im Gegenteil. Doch halten wir es fest: Es ist Isaak hoch anzurechnen, daß er das erste Gebot, welches eine Verheißung hat, so völlig gehalten hat.

Morija — Stätte der Prüfung

Aus der ersten größeren Krise ging er mit fliegenden Fahnen hervor. Würde er jene Reise im Morgengrauen zum Berg Morija zusammen mit seinem Vater wohl je vergessen können (Kap. 22)? Welche Bedeutungs- und Empfindungstiefe konzentrierte sich doch in seiner treffenden Frage: «Mein Vater, siehe, hier ist Feuer und Holz; wo ist aber das Schaf zum Brandopfer?» (22,7).

Die Durchführung bedeutete für Abraham wie für Isaak ein ungeheures Problem, und durch die Jahrhunderte hindurch stellte es auch für gläubige Christen ein verwirrendes und quälendes moralisches Problem dar. Wie konnte Gott etwas Derartiges von Abraham verlangen? Es gibt hier ein paar Faktoren, die zu einer Antwort auf diese Frage führen können.

1. Obwohl Gottes Geheiß Isaak mit einer traumatischen Wahl konfrontierte, die seine Gefühle in Aufruhr versetzte, so schockierte sie jedoch seine Empfindungen nicht so, wie es bei uns heute der Fall wäre. Menschenopfer waren in jener Zeit und Gesellschaft üblich. Solche Opfer wurden nicht als Verbrechen, sondern als ritueller Akt betrachtet. Dazu hatte der Vater absolute Macht über Leben und Tod seines Sohnes.

Solche Verhältnisse sind nicht nur auf das Altertum beschränkt. Der Autor kennt einen Papua-Kollegen, welcher Bibellehrer auf Neuguinea ist und dessen Vater sieben seiner zwölf ihm geborenen Kinder bei ihrer Geburt getötet hatte — und das im 20. Jahrhundert!

2. Von der göttlichen Seite aus gesehen besteht Gottes Methode darin, dem Menschen auf dem moralischen und geistlichen Niveau zu begegnen, das sie erreicht haben, und sie durch seine Maßnahmen auf ein höheres Niveau zu bringen. Er paßt sich ihrem Wachstumsstadium an.

Weil er das Ende vom Anfang aus sieht, wußte Gott, daß sich das Opfermesser nie in Isaaks Brust senken würde. Er wußte, daß das Ergebnis nicht Verlust, sondern unermeßlicher Gewinn für Abraham wie für Isaak und auch für die ganze zukünftige Welt sein würde. Seine Liebe ist so weitblickend, daß er gegenwärtigen Komfort dem ewigen Nutzen opfert.

3. Gab es eine anschaulichere und wirkungsvollere Methode, deren Gott sich hätte bedienen können, um aufzuzeigen, wie töricht

und nutzlos es ist, «die Frucht des Leibes für die Sünde der Seele» zu opfern?

4. Ein Beispiel mag Licht auf die Moralität der Willigkeit Abrahams werfen, seinen Sohn zu opfern.

Wenn ein Angestellter der Kasse seines Arbeitgebers betrügerisch fünfzig Mark entnimmt und das Geld für sich selbst verbraucht, so macht er sich eines Vergehens schuldig. Heißt ihn aber sein Arbeitgeber, der Kasse Geld zu entnehmen, so ist von einem Vergehen keine Rede. Obwohl die Handlung beide Male dieselbe ist, verändert die Anweisung des Arbeitgebers ihre Moralität.

Hätte also Abraham aus eigener Initiative beschlossen, Isaak das Leben zu nehmen, so würde er sich eines Verbrechens schuldig gemacht haben. Aber als er auf Geheiß des Schöpfers handelte, der die absolute Macht über das Leben seiner Geschöpfe besitzt, hatte es überhaupt nichts mit einem Verbrechen zu tun. Der biblische Bericht enthält nicht die geringste Andeutung, daß Abraham — trotz seiner großen Gemütsbewegung — irgendwelche Schuldgefühle oder Gewissensbisse deswegen gehabt hätte, daß er Gottes Befehl gehorcht hatte.

5. Das Geschehnis brachte für Isaak ein sogar noch größeres Problem mit sich als für Abraham, da er ja das Opfer war. Wir müssen uns ihn damals nicht als Halbwüchsigen vorstellen. Er war ein erwachsener jüngerer Mann im Alter von mindestens fünfundzwanzig Jahren — in der Blüte seines Lebens.

Ein kräftiger junger Mann wie er hätte ohne weiteres seinem über hundertjährigen Vater widerstehen und ihn überwältigen können. Sein Stillehalten deutet also darauf hin, daß er mit dem Vorhaben einverstanden war. Mit einer charakteristischen Ergebenheit fügte er sich im Glauben in den göttlichen Plan ein, obwohl es für ihn ebenso rätselhaft wie für seinen Vater war, wie die Verheißung erfüllt werden sollte, wenn er getötet wurde.

Dies bedeutete einen ungeheuren Selbstverleugnungsakt für einen jungen Mann, für den das Leben mit all dem, was es dem Erben eines reichen Vaters verhieß, erst richtig begann. Das Beispiel seines Vaters — wie dieser sich im Glauben und in Ergebenheit dem Willen Gottes fügte — hatte auf den Sohn abgefärbt, und beide gingen ehrenvoll aus der Prüfung hervor.

Die Brautsuche

Isaak blieb bis nach dem Tod seiner Mutter — er war damals vierzig Jahre alt gewesen — unverheiratet.

Sobald die Trauerzeit abgelaufen war, machte sich Abraham daran, eine Frau für seinen Sohn zu suchen. Als Bewahrer der göttlichen Verheißung durfte Isaak niemand aus den heidnischen Völkern ehelichen. Darum schickte Abraham einen bewährten Bediensteten zu seinem Bruder, um eine Frau zu suchen, die seines Sohnes würdig war. Die Beschreibung der erfolgreichen Brautsuche durch den Knecht (Kap. 24) ist eine liebliche Geschichte, eine schöne Liebesidylle.

Der Knecht vertrat das Anliegen seines Herrn so beredt, daß Rebekka ihr Herz an Isaak verlor, ehe sie ihn überhaupt gesehen hatte. Als sie Isaaks endlich ansichtig wurde, stieg sie vom Kamel herab, um ihn zu grüßen. Beim Anblick seiner Braut rief er aus: «Sie ist schön!» Es war Liebe auf den ersten Blick.

Ihre Ehe war dem Streß einer zwanzig Jahre dauernden Kinderlosigkeit ausgesetzt, eine ernste Angelegenheit in jener Kulturwelt. Aber Gott erhörte das anhaltende Bitten Isaaks und segnete das Paar mit Zwillingssöhnen. Sogar schon vor ihrer Geburt begann zwischen ihnen der Konflikt, der sich durch ihr ganzes Leben ziehen sollte (1. Mose 25,22).

Rebekka war der stärkere Teil in dieser Partnerschaft, und gewöhnlich gelang es ihr, ihren gemächlichen Ehemann zu überlisten oder auszumanövrieren.

Sie mußte jedermann «managen» — sogar Gott. Sie konnte ihr Leben und ihre Familie nicht den fähigen Händen Gottes überlassen, sondern mußte selber ihr Schicksal manipulieren. Zu ihrem eigenen Nachteil ließ Gott sie machen.

Er tut dies auch heute noch. Vielleicht liegt hier eine Warnung für alle ehrgeizigen Mütter, die ihre Kinder nach ihrem eigenen Bild formen möchten.

Rebekka brachte endloses Leid über sich selbst und über ihre Angehörigen.

Esau heiratete zwei Hethiter-Frauen, die dem Götzenkult huldigten und in keiner Weise in die Familie paßten, sondern «Isaak und Rebekka lauter Herzeleid» brachten (26,34 f.).

Der Fluch elterlicher Günstlingswirtschaft

Wenn gläubige Eltern die tragischen Auswirkungen einer Bevorzugung innerhalb der Familie sehen möchten, so brauchen sie nur diese Geschichte zu lesen. Der sanftmütige Isaak fühlte sich zum unkomplizierten, offenherzigen Esau hingezogen. Rebekka sah in Jakobs hintergründiger und stillerer Art Eigenschaften, die sie veranlaßten, ihn zu bevorzugen.

Alles, was sie damit erreichten, war, daß sich ein Zug von Verbitterung und Intrigen in die Familie schlich, der sie mit der Zeit überwältigte und auseinanderbrachte.

Die Ehe, die so glückverheißend mit dem Segen Gottes begonnen hatte, zerbröckelte allmählich, und als letztes bietet sich uns das Bild eines einsamen, kranken Ehemannes, der von einer treulosen Ehefrau und einem intrigierenden Sohn betrogen wird.

Hätte Rebekka erkannt, daß ihr Komplott bedeuten würde, ihren Lieblingssohn nie wiederzusehen, so würde sie gezögert haben, sich in ein solches Lügengewebe zu verstricken.

Nicht nur, daß sich die Eltern untereinander entfremdeten — auch die beiden Brüder wurden von den Folgen ihrer eigenen Sünde ereilt.

Die Lehren aus dieser Familiensituation sind auch auf die moderne Gesellschaft anwendbar, in der die Institution Ehe und Familie so heftig angegriffen wird.

Trotz einiger Höhepunkte in Isaaks Leben nahm es im großen und ganzen einen enttäuschenden Verlauf, indem es von einem allmählichen Niedergang anstatt von einem beständigen Fortschritt geprägt war. In seinen jungen Jahren war er opferwillig, aber in späteren Jahren wurde er ein Schwächling. Der großartige Glaube seiner Jugend wurde im Laufe der Jahre verschüttet und leuchtete nur gegen Ende seines Lebens noch einmal kurz auf.

Obwohl er seinen Vater ehrte und bewunderte, zog Isaak keine Lehre aus dessen Fehlern. Wie Abraham machte auch er sich in unverzeihlicher Weise der Mißachtung der Ehre seiner Frau schuldig (1. Mose 26,1-11), als er sie Abimelech als seine Schwester vorstellte. Wie sein Vater, so wurde auch er deswegen vom heidnischen König zurechtgewiesen, der sich ehrenhafter verhielt, als Isaak es getan hatte.

Ein Freund bemerkte einmal dem Autor gegenüber: «Es ist doch wirklich peinlich, seine eigenen Fehler auf zwei kleinen Beinen umherlaufen zu sehen!» Als Abraham Pharao in bezug auf die Identität seiner Frau täuschte, ließ er sich nicht träumen, daß die Saat seiner Sünde eine ähnlich betrübliche Ernte im Leben seines Sohnes hervorbringen würde.

Als Sohn war Isaak gehorsam und anhänglich. Als Ehemann war er treu, nahm aber seine Verantwortung als Familienoberhaupt nicht wahr. Als Vater war er parteiisch und nachsichtig.

Sein Platz in der Geschichte ist jedoch gesichert, denn er ist das Bindeglied zwischen dem Urvater des Volkes und Jakob, aus dessen von seinen zwölf Söhnen abstammender Nachkommenschaft das Volk heranwuchs.

In der ganzen Bibel wird er zusammen mit Abraham und Jakob eingestuft. Es ist ein tröstlicher Gedanke, daß Gott sich sowohl als Gott des starken Mannes wie auch des schwachen Mannes, ja sogar des ränkevollen Mannes darstellt.

Der Segen Jakobs

Seltsamerweise bestand das Ereignis, das ihm die Ehre eines Platzes unter den Glaubenshelden verschaffte, nicht in einer besonderen Errungenschaft, sondern in der Tatsache, daß Isaak durch den Glauben Jakob und Esau segnete mit dem Blick auf die zukünftigen Dinge, das heißt, über ihre Lebenszeit hinaus (Hebr. 11,20). Er bezeugte damit seinen Glauben an die gänzliche Erfüllung der Verheißung, die Gott seinem Vater gegeben und ihm gegenüber erneuert hatte (1. Mose 26,3). Es ist eine auffallende Tatsache, daß Isaak, Jakob und Joseph beim Nahen ihrer Todesstunde alle in ihrem patriarchalischen Segen ihre Zuversicht zum Ausdruck brachten, daß ihre Nachkommen groß werden würden im verheißenen Lande, während sie selbst an der Erfüllung des Segens keinen Teil hatten.

Isaaks Glaube, der ihn einst zu wunderbarer Selbstverleugnung inspiriert hatte, blühte noch einmal in seinem Alter auf, und das trotz der Verschlechterung seines Charakters die Jahre hindurch.

Er bildete einen starken Gegensatz zu Kaleb. Isaaks Bitte an Esau lautete: «Mach mir ein Essen, wie ich's gern habe.» Er hätte hinzufügen können: «Damit ich meinen Appetit befriedige.» Kalebs Bitte an Josua lautete: «So gib mir nun dies Gebirge, wo die Riesen wohnen.» Und er hätte hinzufügen können: «Damit ich es für Gott erobern kann.»

Die meisten von uns haben schwache Stellen in ihrer Waffenrüstung, die unser listiger Feind nur allzu gerne ausnutzt. Beim alten Isaak kam zuerst das Essen und dann erst der Segen (27,4). Alexander Whyte hat gesagt: «Wenn du Isaaks Segen haben willst, dann mußt du dich nach dem Essen an ihn wenden.»[4] Vorzeitig in Senilität abgesunken, war er nur noch durch seine Sinne ansprechbar.

Er raffte sich aus seiner Lethargie auf, um seinen Söhnen seinen Segen zu erteilen. Mit prophetischem Blick und im Glauben sagte er ihnen ihren Lebenslauf und auch denjenigen ihrer Nachkommen voraus.

Sogar hier erwies sich sein Glaube als mangelhaft, denn er versuchte, Gottes festgelegten Plan zu umgehen, indem er über Esau den Segen aussprechen wollte, den Gott für Jakob bestimmt hatte. Aber als er feststellte, daß Gott eingegriffen und den Betrug Rebekkas und Jakobs zurückgewiesen hatte, fing sich sein Glaube wieder, und er beugte sich dem souveränen Willen Gottes.

Als Isaak die volle Bedeutung des Vorfalls erfaßte, weigerte er sich, den Segen zurückzunehmen — trotz der bitteren Tränen seines Lieblingssohnes. «Er wird auch gesegnet bleiben» (27,33). So wurde aus Glaubensversagen der Glaube wieder geboren.

Die ersten Kirchenväter — und seither viele andere mit ihnen — haben in Isaak einen bemerkenswerten Christus-Typ gesehen. Seine Sohnschaft war einzigartig. Er war ein Kind besonderer Verheißung, dessen Geburt lange vorher angekündigt wurde. Er war ein Sohn des Bundes und Erbe seines Vaters, durch den die Verheißungen verwirklicht werden sollten. Seine Empfängnis geschah nicht dem natürlichen Lauf der Natur entsprechend. Er stellte sein Leben auf dem Opferaltar zur Verfügung und wurde damit zu einem passenden Vorbild auf das Lamm Gottes. Wie dieses war er sanftmütig und dem Willen seines Vaters untertan.

Kapitel 4

Hiob —
in der Hochschule des Leidens

Von der Geduld Hiobs habt ihr gehört und habt das Ende gesehen, das der Herr ihm bereitet hat; denn der Herr ist voll Mitleid und Erbarmen. (Jak. 5,11)

«Es gibt nur wenige unter uns, die es verstehen, göttlichen Trost zu vermitteln; wenige, die wissen, wie man seine Mitmenschen in die Hand Gottes legt und sie ermutigt, ihren Weg durch Prüfungszeiten hindurchzuglauben; noch weniger, die imstande sind, schwergeprüften Herzen die Wege Gottes in ihrem Leiden auszudeuten.

Aus mangelndem Wissen um die innere Natur der Dinge urteilen wir viel eher nach dem, was die Augen sehen und die Ohren hören, und gelangen zu Schlußfolgerungen von unserem eigenen Standpunkt aus und entsprechend dem Maß unserer eigenen Erfahrung.»[1]

J. Penn-Lewis

Bezugsstellen: Das Buch Hiob; Hesekiel 14,14.20; Jakobus 5,11.

Ein anerkannter Literaturkritiker, Richard G. Moulton, gab einmal seiner Überzeugung Ausdruck, daß eine in der Literatur wohlbewanderte Jury mit ziemlicher Sicherheit das Buch Hiob nennen würde, wenn man sie aufforderte, festzustellen, welches das größte Poem der großen Weltliteratur sei.[2] Diese große epische Dichtung, so reich an Metaphern und Gleichnissen, handelt von einem orientalischen Scheich, der «reicher war als alle, die im Osten wohnten» (Hiob 1,3).

Mit Recht kann man das Buch eine Theodizee nennen, eine versuchte Rechtfertigung des Handelns Gottes am Menschen. Es faßt das universelle Problem menschlichen Schmerzes und das Geheimnis scheinbar unverdienten Leidens klar ins Auge. Obwohl es keine endgültige Antwort auf das Problem anbietet, wirft es jedoch beträchtliches Licht auf den besonderen Zweck, den das Leiden des Gerechten erfüllen soll.

Die Geschichtlichkeit Hiobs

War Hiob wirklich eine geschichtliche oder lediglich eine erfundene Person? Erst muß diese Frage geklärt sein, bevor wir an die Interpretation dieser Geschichte, die tatsächlich einige besondere Aspekte aufweist, herangehen können. In manchem könnte man ohne weiteres eine symbolische Bedeutung erkennen; aber wenn man dieser Frage objektiv gegenübertritt, so spricht das Gewicht der Beweise für die Geschichtlichkeit der in diesem Buche beschriebenen Menschen und Geschehnisse.

Der Autor gibt die Einzelheiten der Umstände auf klare und natürliche Art wieder. Seine Beschreibung von Hiob, seiner Familie und Freunde sowie der Begleitumstände erfolgt in einer Weise, wie sie bei einer «sinnbildlichen» Darstellung normalerweise nicht üblich ist. Die Erwähnung des Landes, aus dem er kam, und der Güter, die er besaß, hat mehr mit Tatsachen als mit Phantasie zu tun.

Die Juden, die das Buch hartnäckig als Bestandteil ihres Bibelkanons betrachtet haben, hielten stets dafür, daß Hiob eine geschichtliche Persönlichkeit war. Hesekiel bringt Hiob in einer solchen Weise mit Noah und Daniel in Verbindung, daß es unlogisch wäre, ihn nicht als ebenso historisch anzusehen wie die beiden andern. Jakobus stellt ihn als inspirierendes Beispiel der Ausdauer hin und zählt ihn unter «die Propheten, die im Namen des Herrn redeten» (5,10 f.). Unser Herr zitierte aus diesem Buche (s. Hiob 39,30 und Matth. 24,28). Auch Paulus zitierte daraus unter Verwendung der Inspirationsformel: «Es steht geschrieben» (s. Hiob 5,13 und 1. Kor. 3,19).

Das Buch selbst dient einem vierfachen Zweck.

1. Da es vielleicht das älteste Buch des Alten Testamentes ist, gab es früh Einblick in das Treiben Satans — des Erzfeindes des Menschengeschlechts — und wies gleichzeitig die Verleumdung von Hiob, dem treuen Knecht Gottes, zurück.

2. Es schildert, wie Gott durch das Instrument des Leidens Hiob zur Selbsterkenntnis führte und ihn dadurch von seiner Selbstge-

rechtigkeit befreite, die Gottes Segen in seinem Leben eingeschränkt hatte.
3. Es ringt mit dem Geheimnis des Leidens.
4. Es demonstriert die Möglichkeit für einen Menschen, seine volle Hingabe an Gott zu bewahren, auch wenn die ganze Welt um ihn herum zusammenbricht.

Es wird uns nichts über seine Vorfahren berichtet, aber aufgrund der Tatsache, daß er aus dem Lande Uz stammte, ist anzunehmen, daß er ein Araber war. Wie Melchisedek «fürchtete er den Herrn» und bewies eine erstaunliche Erkenntnis des wahren Gottes — eines Gottes, der seine Selbstoffenbarung nicht auf die Hebräer beschränkte.

Der Günstling Gottes?

Hiob erscheint in der Geschichte in seinen reifen Mannesjahren. Der unbekannte Autor beschreibt ihn in wenigen, knappen Worten als «fromm und rechtschaffen, gottesfürchtig» und einen, der «das Böse mied» (Hiob 1,1). Sein großer Reichtum bestand in seinen Herden, deren Größe mit ungefähren Zahlen angegeben wird (1,3). Für den Orientalen waren Reichtum und Wohlstand Beweise für die Gunst des Himmels. Licht auf die Kultur seiner Zeit wirft das Buch, wenn es Bezug nimmt auf Steinschrift, Bergbau, Metallurgie, Astronomie, Naturgeschichte und Wissenschaft.

Das häusliche Bild Hiobs ist gekennzeichnet von entspannter und glücklicher Gemeinschaft und Geselligkeit (1,4). Er war von einer tiefen Sorge um das moralische und geistliche Wohlergehen seiner Familie erfüllt. Er hatte es sich zur Gewohnheit gemacht, tägliche Opfer darzubringen für den Fall, daß seine Kinder gesündigt und Gott in ihrem Herzen abgesagt haben könnten (1,5).

Ein glücklicheres Los als Hiobs konnte man sich kaum vorstellen. Doch er sollte noch auf die Probe gestellt werden durch fürchterliches und unerklärliches Unheil.

Über Nacht ist die Szene plötzlich verwandelt. Auf einen Schlag verliert er Herden, Knechte, Söhne und Töchter (1,13-19).

Die Krisenstunde läßt den wahren Menschen bei ihm hervortreten. Völlig überrumpelt, reagiert Hiob als ein Mensch, der Gott kennt.

«Da stand Hiob auf und zerriß sein Kleid und schor sein Haupt und fiel auf die Erde und neigte sich tief» (1,20).

Sein großartiger Glaube an Gott findet mitten in aller Rätselhaftigkeit Ausdruck in dem klassischen Bekenntnis seines Vertrauens in Gott und in der Anerkennung von Gottes Souveränität: «Der Herr hat's gegeben, der Herr hat's genommen; der Name des Herrn sei gelobt» (1,21).

Seine noble Reaktion auf die Tragödie gewann die Anerkennung Gottes (2,3); sie erweckte aber auch den Haß Satans.

Eine der wichtigen Einsichten, die wir aus dem sich anschließenden Drama gewinnen, besteht darin, daß Ereignisse auf der Erde einen unvermuteten Hintergrund in der himmlischen Region haben können. Hiobs Beziehung zur Geistwelt und seine Erreichbarkeit für geistliche Mächte außerhalb seiner selbst werden vorausgesetzt.

Es gibt widersprüchliche Ansichten über die Tatsächlichkeit der in Kapitel 1,6-12 beschriebenen Szene. Eine etwas ähnliche Szene findet man in Sacharja 3,1-5. In Offenbarung 12,10 tritt Satan wieder als Ankläger auf und hat, wie im Buch Hiob, Zutritt zur Gegenwart Gottes.

So steht es also im Einklang mit der Heiligen Schrift, sie als eine Wirklichkeitssituation zu betrachten, deren Sprache- und Handlungsform so gestaltet ist, daß sie für unseren irdisch orientierten Geist verständlich ist.

Eine himmlische Ratsversammlung

Einen kurzen Augenblick lang wird der Vorhang zur Seite gezogen, und wir erhalten einen flüchtigen Einblick in die Ratsversammlung des Himmels. Hier in dieser Zusammenkunft war es, wo die immer intensiver werdende Prüfung Hiobs ihren Anfang nahm; aber Gott in seiner Freundlichkeit verhüllte diese Tatsache vor seinen Augen.

Hätte er diesen himmlischen Hintergrund gezeigt bekommen, ehe Schlag um Schlag erfolgte, so würde sein Glaube keine Gelegenheit gehabt haben, sich zu jenen Höhen aufzuschwingen, die er schließlich erreichte. Der Epilog wird nicht vor dem Prolog geschrieben.

Es ist Audienztag in der Ratsversammlung des Himmels. Unter den Dienern Jahwes, die zur Berichterstattung vor den Thron gekommen sind, befindet sich Satan, der Widersacher, welcher anscheinend irgendwie berechtigt war, anwesend zu sein.

Auf die Frage, woher er käme, antwortet er: «Ich habe die Erde hin und her durchzogen» (2,2).

Die Art seines Tuns wird ersichtlich durch die Tatsache, daß das hebräische Wort für «durchziehen» hier das Umherschleichen eines Spions bedeutet. Milton trifft den Kern, wenn er ihn den «sabbatlosen Satan» nennt.

Jahwe stellt Satan eine Frage: «Hast du acht auf meinen Knecht Hiob gehabt? Denn es ist seinesgleichen auf Erden nicht, fromm und rechtschaffen, gottesfürchtig und meidet das Böse?»

Diese Worte sind, da sie vom allwissenden Gott kommen, eine erstaunliche Lobrede auf Hiob. Wir müssen uns jedoch davor hüten, die volle Bedeutung der neutestamentlichen Vollkommenheit in diesen Text hineinzulesen. Hier ist die Rede von Tadellosigkeit und nicht von Sündlosigkeit. Gemeint ist, daß er ein gereifter Mann mit ausgeglichenem Charakter war.

Seinem Wesen getreu machte Satan eine höhnische Erwiderung. In seiner Unverschämtheit wagte er die Andeutung, daß Gott so naiv wäre, anzunehmen, Hiobs Frömmigkeit sei uneigennützig. Er würde Gott nur deshalb die Treue halten, weil er seine Wohltaten empfing. In jedem Fall, so behauptet er, hätte Gott ihn mit lauter Vorrechten umgeben (1,9-11). «Taste alles an, was er hat: was gilt's, er wird dir ins Angesicht absagen!» Damit warf Satan den Fehdehandschuh hin.

Gott nahm die Herausforderung an, zog die Vorrechte zurück und gestattete Satan, Hiob auf die Probe zu stellen, jedoch innerhalb genau umschriebener Grenzen (1,12). Unglück über Unglück brach über Hiob herein. Als Folge des satanischen Treibens verlor er seinen Reichtum durch Räuber und wilde Stürme. Dann verlor er seine ganze Familie — sieben Söhne und drei Töchter — auf einen Schlag.

Aber obwohl zerbrochen und niedergeschmettert, sündigte Hiob in diesem allen nicht und tat nichts Törichtes wider Gott (1,22). Satan hatte die erste Runde verloren, aber er hatte noch andere Tricks auf Lager.

Der Verstoßene auf dem Aschenhaufen

Wieder ist es Audienztag in der himmlischen Ratsversammlung. Nicht sonderlich von seiner überwältigenden Niederlage beeindruckt, tritt Satan wieder in Erscheinung.

Aufs neue bekräftigte Gott sein Vertrauen in Hiobs Integrität und Uneigennützigkeit. Wieder höhnt Satan: «Erlaube mir nur, seinen Leib mit Schmerzen zu quälen, und du wirst sehen, wie er dir die Treue aufkündigt!» So rätselhaft es uns erscheint: Gott erteilte ihm die Erlaubnis, aber unter der Bedingung, daß sein Leben verschont wurde (Hiob 2,6).

Satan schlägt ihn mit Krankheit. Welcher Art diese ekelerregende Krankheit war, ist nicht sicher. Vielleicht war es eine bösartige und abstoßende Art von Aussatz oder Elefantiasis. Jedenfalls war sie ernsthaft und ansteckend genug für seine Mitbürger, daß sie ihn aus der Stadt verbannten und er draußen vor dem Tor in der Asche sitzen mußte (2,8). So unerträglich war das Leiden, daß er nichts sehnlicher wünschte, als zu sterben.

Aus «dem Größten aller, die im Osten wohnen», war ein Ausgestoßener auf dem Müllhaufen geworden. So sah die Boshaftigkeit Satans gegenüber dem heiligsten Menschen jener Zeit aus. Vom menschlichen Standpunkt aus schien die Stichelei von Hiobs Frau gerechtfertigt: «Hältst du noch fest an deiner Frömmigkeit? Sage Gott ab und stirb!» (2,9).

Die Größe dieses Mannes scheint in seiner noblen Antwort durch: «Du redest, wie die törichten Weiber reden. Haben wir Gutes empfangen von Gott und sollten das Böse nicht auch annehmen? *In diesem allen versündigte sich Hiob nicht mit seinen Lippen*» (2,10; Hervorhebung vom Verfasser).

Satan verlor auch die zweite Runde. Hiob hatte vor Gott, Menschen und Satan bewiesen, daß in seiner Hingabe an Gott keinerlei Eigennutz lag. Er liebte Gott um seiner selbst willen und nicht wegen der Segnungen, die er von ihm empfing.

So demonstrierte Hiob seine echte, uneigennützige Treue und Liebe zu Gott, zuerst in ungestörtem Wohlstand, dann unter ununterbrochener Feindschaft. Gott sollte Recht behalten, denn Hiob rief überwindend aus: «Obwohl er mich schlägt, will ich meine Hoffnung auf ihn setzen» (13,15; King James-Ausgabe).

Die Strategie Satans

Hiobs Erfahrung wirft ein aufschlußreiches Licht auf das Wesen unseres satanischen Widersachers und auf die von ihm verwendete Strategie. Dieselben Methoden, mit denen er damals arbeitete, um die Menschen von ihrer Treue zu Gott abzubringen, setzt er auch heute ein.

a) Hiobs geheimnisvolles Leiden erklärt sich zum Teil aus der — ihm allerdings unbekannten — Tatsache, daß er ein Schlachtfeld war, auf dem sich eine Auseinandersetzung zwischen Gott und Satan abspielte. Gott hatte alles auf Hiobs Integrität gesetzt, und Satan setzte jede Waffe ein, um Hiobs Vertrauen in Gott zu erschüttern.

b) Die Initiative beim Konflikt lag nicht bei Satan, sondern bei Gott, der Satans heimtückischen Plan durchschaute.

c) Alle Macht, die Satan besitzt, ist ihm nicht selbst eigen, sondern übertragen. Er ist ein Geschöpf und weder allwissend noch allmächtig.

d) Er besitzt keine uneingeschränkte Freiheit, sondern ist Gott für sein Tun verantwortlich. Seine Macht ist beschränkt auf das, was Gott zuläßt.

e) Satan hat keine Gegenwaffe für den Schild des Glaubens.

Diese Tatsachen bedeuten einen großen Trost für alle Hartbedrängten. Satan besitzt nicht mehr Macht, uns Schmerz und Verlust zuzufügen, als Gott in seiner Liebe und Weisheit zuläßt (Hiob 1,12; 2,6). Er wird nie zulassen, daß Anfechtung und Prüfung größer sind, als wir ertragen können (1. Kor.10,13). Wenn Gott uns aus einem bestimmten, aber unerklärlichen Grund in eine schwere Prüfung führt, so hält er auch immer zusätzliche und ausreichende Gnade dafür bereit (2. Kor.12,9).

Allein die Tatsache, daß wir keine Erklärung für Gottes geheimnisvolle Wege mit uns erhalten, ist häufig ein Grund für unsere Betrübnis. «Ich könnte es ertragen, wenn ich nur wüßte, warum!» ist oft unser Schrei.

G. Campbell Morgan sagt in diesem Zusammenhang: «Es gibt viele, die den letzten Sinn der Erfahrung, durch die sie heute gehen, nicht kennen. Sie gehen durch irgendein verborgenes Leiden, irgendeine Not hat ihr Herz erfaßt, und dies nicht als Resultat ihrer eigenen Sünde. Sie fragen: 'Was macht Gott?' Ich kann es nicht sagen, aber dieses Buch weist auf einen Sinn und Wert hin ... Ich glaube, es ist eine zulässige Vermutung, daß Hiob im jenseitigen Leben Gott für alles dankt, was er durchgemacht hat.»[3]

Ähnlich wie Hiob können auch wir lernen, daß Leiden andere und höhere Funktionen haben als Bestrafung.

Hiobs Prüfungen waren noch nicht vorüber. Er hatte Besitz, Familie, Gesundheit und die Unterstützung seiner Frau verloren. Was ist noch geblieben? Er besitzt immer noch einen achtbaren Namen unter seinen Freunden und Zeitgenossen, und nun wird er auf dieser Ebene von seinen Freunden angegriffen.

Hiobs Tröster

Eliphas, Bildad, Zophar und Elihu vernehmen von seinem Unglück, und mit echter Anteilnahme kommen sie, um ihren Freund zu trösten. So fürchterlich war die Veränderung, die sein Leiden verursacht hatte, daß sie ihn nicht wiedererkannten (Hiob 2,12).

Man hat sie oft geringschätzig «Hiobs Tröster» genannt, und in gewisser Weise verdienen sie diese Kritik. Aber bevor wir sie kurzerhand verurteilen, dürfen wir nicht vergessen, daß sie in seinem Leiden wenigstens bei ihm sein wollten, während seine anderen Freunde abseits standen. Sie kamen und saßen in stiller Anteilnahme sieben Tage lang bei ihm. Obwohl sie einige niederschmetternde Sachen über ihn sagten, taten sie dies wenigstens nicht hinter seinem Rücken.

Dem Prolog (Kap. 1 und 2) folgt einer der bewegendsten und pathetischsten Monologe der Literatur (Kap. 3). Als Hiob das siebentägige Schweigen brach, war es, um die Bitterkeit seines Herzens auszuschütten. Man kann es nicht lesen und mit ihm fühlen, ohne tief betroffen zu sein.

«Ausgelöscht sei der Tag, an dem ich geboren bin ... Warum bin ich nicht gestorben bei meiner Geburt? ... Warum gibt Gott das Leben den betrübten Herzen?» (3,2.11.20).

Das waren verdrießliche Worte, aber sie wurden aus ihm herausgepreßt. Es hat einen therapeutischen Wert, wenn wir unsere Verwirrung zum Ausdruck bringen, vorausgesetzt, wir ziehen Gottes Liebe oder Weisheit nicht in Zweifel. Beachten wir, daß

Hiob seinen Tag verfluchte und nicht seinen Gott, wie Satan es ihm suggerieren wollte.

Der Rest des Buches befaßt sich mit dem Zwiegespräch zwischen Hiob und seinen Freunden, das sich in drei Runden vollzog. Beim Lesen dieser bemerkenswerten Reden sollten wir daran denken, daß der Verfasser uns wohl einen genauen Bericht über den Dialog gibt, aber nicht alles zur Wahrheit macht, was diese Männer sagten. Vieles war wirklich wahr, aber es traf nicht immer auf Hiob zu. Richtige Grundsätze wurden auf die falsche Person bezogen.

Die Freunde argumentierten, daß nur der Ungerechte und Böse leidet. Wenn sich ein Mensch in großer Anfechtung befindet, dann deshalb, weil er schwer gesündigt hat. In der *ersten Gesprächsrunde* (Kap.4-14) beharrte Eliphas darauf, daß Gott den Gerechten segnet und den Ungerechten straft. Die Schlußfolgerung ist offensichtlich. Bildad und Zophar folgen der gleichen Überlegung und drängen Hiob, seine Sünde zu bereuen.

Hiob widersteht ihren Unterstellungen und appelliert an Gott, seine Rechtschaffenheit zu verteidigen. Er zeigt, daß oft gerade der Ungerechte gedeiht und Gott souverän und ohne Ansehen der Person handelt.

In der *zweiten Gesprächsrunde* (Kap.15-21) verwandeln sich ihre Beileidsbezeugungen in Verurteilung. Sicher verberge er heuchlerisch irgendeine große Sünde, denn allein der Ungerechte sei es, der leiden müsse.

Nochmals widerlegt er ihre Argumente. Er bringt Beweise, daß es dem Ungerechten oft besser geht und dieser länger lebt, und er weist ihre unbegründeten Anspielungen zurück.

Es ist in dieser Auseinandersetzung, daß Hiob sein unvergleichliches Bekenntnis ablegt: «Ich weiß, daß mein Erlöser lebt, und als der letzte wird er über dem Staub sich erheben. Und ist meine Haut noch so zerschlagen und mein Fleisch dahingeschwunden, so werde ich doch Gott sehen. Ich selbst werde ihn sehen, meine Augen werden ihn schauen und kein Fremder» (19,25-27).

Die *dritte Gesprächsrunde* (Kap. 22-31) zeigt die Philosophen, wie sie unbarmherzig ihren Angriff auf den kampfbereiten Hiob fortsetzen. Die Argumentation weicht der Beschuldigung und dem Sarkasmus. Wieder beteuert Hiob leidenschaftlich seine Un-

schuld, und die Debatte kommt zu einem unentschiedenen Abschluß.

Wenn die vier Freunde mit ihrer Behauptung fehlgingen, daß Gottes Handeln vergeltenden Charakter besitzt, so ging Hiob ebenso fehl in der Behauptung, daß Gott willkürlich und ohne angemessenen Grund handelt.

Er hatte noch nicht die grundlegende Lektion beherrscht, daß nichts in ihm selbst die Gunst Gottes verdiente, und er verteidigte sich immer noch hartnäckig vor ihnen.

Hiobs Leiden sind Züchtigungen

Dann schaltet sich Elihu ein (Kap.32-37). Als jüngerer Mann hatte er sich den Älteren gegenüber zurückgehalten, aber jetzt faßt er die vorangegangene Diskussion zusammen: «Aber Elihu ward zornig. Er ward zornig über Hiob, weil er sich selber für gerechter hielt als Gott. Auch ward er zornig über seine drei Freunde, weil sie keine Antwort fanden und doch Hiob verdammten» (Hiob 32,2 f.).

In seiner langen Rede zeigt er tiefere Einsicht als seine älteren Freunde. Gottes Heimsuchungen sind nicht Gerichte, wie diese behauptet hatten, sondern Züchtigungen, die dazu dienen sollen, die Menschen von der Hoffart abzuhalten, die sie nur ins Verderben bringen würde (33,17).

Heimsuchung hat also ihren Ursprung nicht in der Vergeltung, sondern in der Liebe Gottes und dient dazu, den Menschen «zu erleuchten mit dem Licht der Lebendigen» (33,30).

Er appelliert an Hiob, seine eigene Unwissenheit und Ohnmacht zu erkennen und Demut statt Selbstgerechtigkeit zu beweisen. Anstatt Erklärungen von Gott zu verlangen, sollte er Glauben und Geduld üben.

An diesem Punkt greift Jahwe selbst dramatisch ein (Kap. 38-42) und redet aus dem Wettersturm. Angesichts der göttlichen Majestät verstummt die ganze Gruppe. Gott gibt keine vereinfachende Antwort auf das zur Diskussion stehende Problem, sondern stellt eine ganze Reihe von Fragen, die das eingebildete Gutsein Hiobs zunichte machen und seine falschen Vorstellungen von Gott und seinem Handeln verbannen.

Er wird zu der Einsicht gebracht, daß, wenn er schon über Gottes Wirken in der Natur so unwissend ist, er es erst recht sein muß, wenn es um Gottes moralische Herrschaft in der Welt geht.

Endlich erkennt er, daß Gottes Züchtigung dazu bestimmt ist, die Menschen zunächst zur Verzweiflung an sich selbst zu führen und dann zu einem bedingungslosen Vertrauen in einen Gott, der um sie besorgt ist und dem sie vertrauen können.

Es war das überwältigende Schauen Gottes, das Hiob zerknirscht und anbetend in die Knie sinken ließ und ihn zu dem Punkt brachte, auf den Gott die ganze Zeit über hingezielt hatte. Demütig bekennt Hiob jetzt: «Ich erkenne, daß du alles vermagst, und nichts, was du dir vorgenommen hast, ist dir zu schwer ... Darum habe ich unweise geredet, was mir zu hoch ist und ich nicht verstehe ... Ich hatte von dir nur vom Hörensagen vernommen; aber nun hat mein Auge dich gesehen. Darum spreche ich mich schuldig und tue Buße in Staub und Asche» (42,1-6).

Hiob hat die Hochschule des Leidens absolviert. Die Selbstgefälligkeit ist verschwunden. Demut hat den Stolz verdrängt. Die Geduld kann jetzt ihr vollkommenes Werk tun.

Die Geschichte schließt mit der Rechtfertigung Hiobs durch Gott vor Satan und seinen Freunden. Hiob wird mit dem Doppelten dessen gesegnet, was er vorher besessen hat. «Und der Herr wandte das Geschick Hiobs ... und segnete Hiob fortan mehr als einst» (Hiob 42,10). Jetzt tritt er in der Rolle des Fürbitters für seine Freunde auf (42,8.9), deren falsch angebrachte Kritik ihn beinahe mehr zum Straucheln gebracht hätte als Satans feurige Pfeile. Liegt hierin nicht auch für uns eine Lektion?

Daß Gott ihm sieben weitere Söhne und drei weitere Töchter schenkte, wirft übrigens auch ein Licht auf die biblische Lehre der Unsterblichkeit. Gott vermehrte allen materiellen Besitz Hiobs um das Doppelte — wie stand es jedoch mit seiner Familie? Zu seinen zehn lebenden Kindern kamen noch die zehn, die ihn auf der anderen Seite erwarteten.

Hiob war siebzig Jahre alt, als sein Unglück ihn heimsuchte, und Gott schenkte ihm zweimal siebzig weitere Jahre, um sich der Früchte seiner Prüfung zu erfreuen.

Kapitel 5

Rahab —
die Romanze mit dem roten Seil

Ist nicht auch die Hure Rahab durch Werke gerecht geworden, als sie die Boten aufnahm und sie auf einem anderen Weg wieder hinausließ? (Jakobus 2,25)

«Die Geschichte Rahabs ist auf seltsame Weise mit Josuas Sieg verknüpft. Das Buch, das von den Höhen des Glaubenslebens spricht, erinnert uns auch kurz an das Erbarmen Gottes mit dem ärgsten Sünder und heißt uns, das Werk der Erlösung mit dem höheren Werk der Heiligung zu verbinden. Das Herz Gottes ist ebenso um das Suchen und Erretten der Verlorenen wie um das Weiterführen seines Volkes in tiefere Segnungen besorgt.»[1]

A. B. Simpson

Bezugsstellen: Josua 2 und 6; Matthäus 1,5; Hebräer 11,31; Jakobus 2,25.

Wo anders als in der Bibel würde man ein solch seltsames Zusammentreffen von Namen wie diesen erwarten?

«Dies ist das Buch von der Geschichte Jesu Christi ... Abraham, Isaak, Jakob ... Rahab ...» (Matth. 1,5).

«Durch den Glauben wurde *die Hure Rahab* ... Gideon ... David, Samuel ...» (Hebr. 11,31 f.).

Wer anders als Gott würde als Ahne für seinen Sohn eine kanaanitische Frau wählen, die nicht nur außerhalb des hebräischen Bundes, sondern auch außerhalb des Bereichs der anständigen Gesellschaft stand?

Wie bemerkenswert, daß eine der beiden einzigen Frauen, die ihren Weg in die erhabene Gesellschaft von Hebräer 11 fanden, gerade diese Frau sein sollte! Und daß sie eine der vier Frauen sein sollte, die zum Stammbaum des Messias gehören.

Das ist ein Beispiel für die wunderbare Universalität der Gnade Gottes. Diese Tatsachen kennzeichnen Rahab auch als eine Frau, die mehr als nur eine vorübergehende Bedeutung in der geistlichen Weltgeschichte hatte.

Viele haben — sicher aus achtenswerten Gründen — versucht, das Stigma von der Vorfahrin des Herrn dadurch zu entfernen, daß sie das schroffe hebräische Wort für «Hure» abschwächten und ihm die Bedeutung einer Herbergswirtin gaben. Aber diesem Versuch fehlt jede zufriedenstellende Grundlage. Die biblische Verwendung des Begriffs unterstreicht die überlieferte Bedeutung des Wortes «Hure». Außerdem wurden orientalische Herbergen oder *khans* nie von Frauen geführt.

Die Umgebung, in welcher Rahab lebte, machte es für eine Frau sehr schwer, ihre Tugendhaftigkeit zu bewahren. Das läßt ihren Glauben und ihre spätere Karriere um so bemerkenswerter erscheinen, denn sie war die einzige Person in Jericho, die auf diese Weise reagierte. Die Einwohner von Jericho waren grausame, götzendienerische Geisteranbeter, und aus diesem Grunde befahl Gott Josua, sie auszurotten.

Von den Ras Shamra-Tafeln erfahren wir, daß sich unter den Gottheiten, die sie verehrten, die Fruchtbarkeitsgötter Baal und Astarte befanden, deren Verehrung zu sexueller Ausschweifung ermutigte. Auch Chemosch gehörte dazu; dieser Gottheit wurden Kinderopfer dargebracht.

Verwunderlich ist daher nicht so sehr, daß Rahab zur Hure wurde, sondern vielmehr, daß sie auf den Ruf Gottes so bereitwillig antwortete. Sie war ein leuchtendes Beispiel für die Tatsache, daß Glaube auch in einer höchst ungastlichen Umgebung blühen kann.

Der Glaubensmut

Josua, den Gott zum Werkzeug der göttlichen Bestrafung Jerichos bestimmt hatte, sandte heimlich zwei Männer zum Rekognoszieren aus. In der Annahme, von den Wachen nicht entdeckt worden zu sein, betraten sie die Stadt und suchten Unterschlupf.

Geschah es durch Zufall oder durch göttliche Führung, daß sie zum Hause Rahabs gelangten? Wahrscheinlich war ihre Wahl deshalb darauf gefallen, weil es sich in günstiger Lage an der Stadtmauer befand, und wahrscheinlich besaßen sie keine Ahnung von seinem zweifelhaften Ruf.

Es brauchte Mut von Rahab, zwei vollständig Fremde bei sich aufzunehmen, über deren Identität sie eine Vermutung hegte. Aber es war auch ein Verrat, für den sie keine Gnade erwarten durfte, wenn er aufgedeckt wurde. Ihr Handeln war von einer starken Motivation getragen.

Aus ihrem Zeugnis (Jos. 2,9-11) geht deutlich hervor, daß die Einwohner Kanaans und Jerichos gut informiert waren über die Siege, die Gott Israel gegeben hatte, und daß sie große Furcht gepackt hatte (2,24), eine Furcht, die sie selber teilte. «Ich weiß», bekannte sie, «daß der Herr euch das Land gegeben hat; denn ein Schrecken vor euch ist über uns gefallen.»

Ein Glaubensschein hatte in Rahabs Herz aufgeleuchtet, und sie erkannte jetzt, daß Gott ihr eine Alternative anbot. Unter Lebensgefahr gewährte sie den Männern Gastfreundschaft und ging sogar soweit, sie vor der Polizei zu verstecken. Außerdem erzählte sie eine Lüge, um sie zu schützen.

Sie spürte, daß diese Männer anders waren als jene, die sie sonst empfing, und ahnte, daß dies eine vom Himmel geschenkte Gelegenheit war, die Seite zu wechseln. Darum entschloß sie sich, sich mit Israel und seinem Gott zu identifizieren.

Ist Lügen je gerechtfertigt?

War es gerechtfertigt, daß Rahab eine Lüge auftischte, auch für einen solchen guten Zweck? Das ist eine oft diskutierte Frage. Gibt es Fälle, wo der Zweck die Mittel heiligt? Wir müssen zugeben, daß Rahab weder moralisch noch ethisch ein Musterexemplar war, aber wir sollten ihr Tun nicht mit dem Maßstab unserer eigenen erleuchteten Lebensauffassung beurteilen. Wir leben im vollen Sonnenlicht. Sie lebte in der Dämmerung.

Lügen ist unter heidnischen Menschen ein so verbreitetes Übel, daß Rahab keinerlei Gewissensbisse hatte und keine Schuld wegen ihrer Irreführung verspürte. Im Gegenteil, sie würde sich schuldig gefühlt haben, hätte sie nicht so gehandelt.

Nach orientalischer Lebensauffassung gehört der Schutz des

Gastes zu den höchsten Tugenden. Östliche Gastfreundschaft fordert von einem Mann, sogar das Leben seines ärgsten Feindes zu beschützen, wenn dieser von seinem Salz gegessen hat.

Aber damit ist die moralische Frage noch nicht beantwortet. Nach biblischer Auffassung ist Lügen immer Sünde und etwas, das abgelegt werden muß. «Darum legt die Lüge ab», schreibt Paulus, «und redet die Wahrheit, ein jeder mit seinem Nächsten» (Eph. 4,25). Es gibt keine Grade der Wahrheit. Gott hat nirgendwo angedeutet, daß der Zweck die Mittel heiligt.

Hatte Gott Rahabs Lüge verziehen und gebilligt? Der Bericht enthält nichts, was darauf hinweisen könnte. Er hatte es nicht nötig, daß Rahab um seinetwillen log, um die Kundschafter zu beschützen. Er hätte ganz andere Möglichkeiten dafür gehabt. Gott bedient sich nie eines sündigen Hilfsmittels.

Jakobus stellte sie nicht wegen ihrer Unwahrhaftigkeit als Beispiel hin, wenn er schreibt: «Ist nicht auch die Hure Rahab durch Werke gerecht geworden, als sie die Boten aufnahm und sie auf einem andern Weg wieder hinausließ» (2,25). Es war ihre tapfere und selbstlose Tat und ihr Glaube, um deretwillen er sie erwähnt, und nicht ihre Lüge.

Daß sie eine kluge und einfallsreiche Frau war, erkennt man an dem schlauen Trick, den sie anwandte, um die Kundschafter vor der Entdeckung zu bewahren. Vielleicht war dies nicht das erste Mal, daß sie Klienten vor der Polizei verbarg! Doch trotz ihrer bisherigen Lebensweise verspürte sie tief in ihrem Herzen ein Verlangen nach etwas Besserem. Und aufgrund dessen begegnete Gott ihr.

Des Himmels gnädige Beurteilung

Bei seiner Beurteilung von sündigen Männern und Frauen zieht Jesus jeden Faktor in Betracht. Als die listigen Schriftgelehrten und Pharisäer eine Frau zu ihm brachten, die man beim Ehebruch ertappt hatte, fragte Jesus sie: «Hat dich niemand verdammt? Sie antwortete: Niemand, Herr. Da sagte Jesus: Dann verdamme ich dich auch nicht; gehe hin und sündige nicht mehr» (Joh. 8,10 f.).

Er weiß — wie William Booth es so plastisch ausgedrückt hat —, daß viele hilflose Kinder nicht in die Welt hineingeboren, sondern hineinverdammt sind, während die meisten von uns mit vielen Vorrechten umgeben sind; und diese Faktoren zieht er in Betracht. Gott billigt die Sünde nie, aber er hat ein mitleidvolles Herz für sündige Männer und Frauen.

Es erforderte nicht wenig moralischen Mut auf seiten Rahabs, durch das Annehmen des Glaubens der verhaßten und gefürchteten Israeliten sich in eine einsame Stellung unter ihrem Volk zu begeben. Aber der Eindruck, den das Wunder am Roten Meer und das Schicksal der mächtigen Amoriter-Könige auf sie gemacht hatte, war so tief, daß neben dem Schrecken in ihrem Herzen auch ein Glaubensfunke aufsprang.

Damals wie heute kam der Glaube vom Hören. Sie hörte, und zitternd glaubte sie. Ihr Glaube wurde aus der übernatürlichen Bekundung geboren, die sie in der Erfahrung des Volkes Gottes wahrgenommen hatte, und so band sie sich an ihren Gott.

Davon überzeugt, daß Jericho von den Israeliten zerstört werden würde, beschloß sie, im Falle einer Überlebensmöglichkeit nicht allein gerettet zu werden. Als die Kundschafter ihr Verschonung vor dem drohenden Gericht versprachen (Jos. 2,14), dachte sie sofort an ihre Familie und verwandte sich für sie.

Es bedarf keiner besonderen Phantasie, um sich vorzustellen, wie sie in der Stadt umherging, um ihre Verwandten vor dem kommenden Unheil zu warnen und sie zu bewegen, sich unter ihr schützendes Dach zu begeben. Mit diesem noblen Charakterzug läßt sie viele Gläubige zuschanden werden. Sie wollte den Segen der Bewahrung nicht für sich allein haben.

Glaube sichtbar in Taten

Das hervorragende Merkmal ihrer Person war ihr Glaube an einen neuentdeckten Gott. Dieser sicherte einer ausschweifenden heidnischen Frau nicht nur einen Platz in Gottes Volk, sondern auch einen Ehrenplatz neben den Helden dieses Volkes — Abraham, Moses und David.

Gott bewertet den Glauben hoch, so hoch, daß es unmöglich ist, ihm ohne Glauben zu gefallen (Hebr. 11,6).

Ihr Fortschritt im Glaubensleben war einfach und schnell. Sie vernahm von den mächtigen Taten Gottes und glaubte. «Ich weiß, daß der Herr euch das Land gegeben hat» (Jos. 2,9), war ihr erstaunliches Bekenntnis. Woher hatte sie dieses Wissen?

Wo eine suchende Seele ist, da ist auch ein suchender Gott. Der Heilige Geist erleuchtete ihr aufgeschlossenes Herz, zu erkennen, wer der wahre Gott war.

«Der Herr, euer Gott, ist Gott oben im Himmel und unten auf Erden» (Jos. 2,11). Es ist eine ernüchternde Tatsache, daß derselbe Beweis, der in Rahabs Herz Glauben weckte, bei ihren Mitbürgern nur eine Versteifung des Widerstandes bewirkte.

Jakobus erklärte, daß Rahab ihren Glauben durch ihre Taten zeigte (Jak. 2,25), denn Glaube liefert die Motivation für den Gehorsam. Ehe sie den Männern half, über die Mauer zu entkommen, ließ sie sich von ihnen das Versprechen geben, daß sie und alle in ihrem Hause verschont würden.

Aber das Versprechen war an Bedingungen geknüpft:

1. Sicherheit wurde nur für solche garantiert, die im Hause blieben (Jos. 2,19).

2. Ein rotes Seil zur Identifizierung mußte ins Fenster geknüpft werden (2,18).

3. Die Mission der Kundschafter mußte geheimgehalten werden.

Alle diese Bedingungen wurden erfüllt, und alle im Hause Rahabs Anwesenden wurden verschont.

Viele Bibelausleger haben in diesem Geschehen eine tiefere Bedeutung gesehen als auf den ersten Blick erkennbar ist. Es ist durchaus möglich, mit der allegorischen Erklärung der Heiligen Schrift ins Absurde zu geraten. Aber es besteht eine solide neutestamentliche Gewähr für das Erkennen einer geistlichen Bedeutung in gewissen alttestamentlichen Tatsachen und Ereignissen.

«Sir William Robertson Nicoll hat gesagt, daß die Worte des Alten Testamentes auf seltsame Weise dafür vorbereitet sind, die Herrlichkeit des Neuen Testamentes zu fassen», schrieb W. H. Parker. «Die eindringlichen Aussagen über Leben und Tod, die im ganzen Alten Testament verstreut anzutreffen sind, besitzen eine andere Bedeutung für solche, die den Herrn sagen gehört haben: 'Wer an mich glaubt, der wird nimmermehr sterben.'

Und so finden wir im Neuen Testament beim Beleuchten der Erzählung von Rahab, wie eine neue Bedeutung aufgedeckt und die ganze Geschichte von Evangeliumswahrheit erleuchtet wird. Denn all dies widerfuhr ihnen als Beispiel für uns. Es ist zur Warnung geschrieben, für uns, auf die das Ende der Zeiten gekommen ist (1. Kor. 10,11).»[2]

Es ist daran zu denken, daß Jesus nicht zögerte, unerwartete Lektionen aus alttestamentlichen Geschehnissen zu ziehen. (Beispiel: die eherne Schlange in Johannes 3,14.) Hinter dem Symbol stand eine Tatsache. Mit einem solchen biblischen Präzedenzfall im Rücken wagen wir es, einige Lehren aus dem roten Seil im Fenster von Rahabs Haus zu ziehen, das denen, die im Hause waren, Verschonung vor der Vernichtung garantierte.

Eine interessante Parallele

Zwischen einigen Merkmalen des Passahfestes und diesem Vorfall besteht eine interessante Parallele.

Eine der Passah-Anweisungen lautet: «Kein Mensch gehe zu seiner Haustür heraus bis zum Morgen» (2. Mose 12,22). Im Falle von Rahab lautete die Abmachung: «Wer zur Tür deines Hauses herausgeht, dessen Blut komme über ihn, aber wir seien unschuldig» (Jos. 2,19). Ihre Sicherheit vor dem drohenden Gericht hing in beiden Fällen davon ab, daß sie im Schutze eines besonders bezeichneten Hauses blieben.

Beim Passah wurde rotes Blut an die Tür gesprengt. In Rahabs Fall wurde ein rotes Seil ins Fenster geknüpft. Als Gott das Blut sah, ging er an ihnen vorüber, wie er versprochen hatte. Als Josua das rote Seil sah, wurden das Haus und die darin Anwesenden vor der Vernichtung verschont, wie es versprochen war.

Es ist nicht schwer, in diesen beiden Symbolen die Erlösung und die Errettung vor dem Gericht zu erkennen, die das Blut am Kreuz bewirkt hat, und diese dann persönlich in Anspruch zu nehmen.

Welche Bedeutung läßt sich im roten Seil erkennen? Es bedeutete:

1. Daß Rahab und ihre Familie sich entschlossen hatten, sich mit dem Gott Israels und seinem Volk zu identifizieren.

2. Daß alle, die sich im Haus befanden, ebenfalls unter dem Schutz Gottes standen.

3. Daß jeder diesen Schritt persönlich und freiwillig tat.

4. Daß sie sicher waren vor dem göttlichen Gericht. So wie die hebräischen Familien das Passahmahl hinter der blutbesprengten Tür in völliger Geborgenheit essen konnten, so konnte die kleine Schar, die sich in Rahabs Haus versammelt hatte, hinter dem roten Seil in völliger Zuversicht und ohne Furcht auf die Befreiung warten.

5. Daß Rahab nun im Bund der Verheißung eingeschlossen und damit qualifiziert war, eine Vorfahrin des jüdischen Messias zu werden.

Wer würde von einem solchen Ausgang dieser etwas fragwürdigen Geschichte geträumt haben? Das Haus der Hure wurde zu einem Haus des Gebets. Die Hure selber wurde die Vorfahrin von David, dem König und Psalmisten Israels, ja noch mehr: die Vorfahrin von Jesus Christus, dem Menschensohn und Gottessohn.

Kapitel 6

Ruth —
eine unorthodoxe Brautwerbung

Wo du hin gehst, da will ich auch hin gehen ... Dein Volk ist mein Volk, und dein Gott ist mein Gott. (Ruth 1,16)

«Eine der schönsten Geschichten der Bibel ist die Geschichte von Ruth. Hier haben wir das, wovon die Welt nie müde wird zu hören: eine wahre Liebesgeschichte. Und der Umstand, daß die Heldin eine junge Witwe ist, tut dem Zauber dieser Geschichte nicht im geringsten Abbruch. Denn was könnte mehr Anklang finden als die Abenteuer und romantischen Erlebnisse der jungen Frau, die, nachdem sie durch die Tiefen von Verlust und Schmerz gegangen war, nun ihr Glück findet?»[1]

Donald Davidson

Bezugsstellen: Das Buch Ruth; Matthäus 1,5.

Das Buch Ruth ist ein Prosagedicht, das nicht an seinem Umfang, sondern an seiner Schönheit gemessen werden sollte. Es ist außerordentlich in seiner Schlichtheit und bietet eine willkommene Abwechslung zur Gewalttätigkeit und Gesetzlosigkeit des ihm vorangehenden Buches der Richter. In dieser kleinen biographischen Episode wird der Vorhang des zeitgenössischen häuslichen Lebens zur Seite gezogen, um zu enthüllen, daß die sanfteren Eigenschaften und Tugenden nicht vollständig aus dem Leben des abtrünnigen Israel geschwunden waren.

Ruths Geschichte beginnt mit einer Hungersnot in Bethlehem, die zur Folge hatte, daß Elimelech, seine Frau Naemi und ihre zwei Söhne Machlon und Kiljon nach Moab auswanderten. Aber Auswanderung bedeutete nicht unbedingt, vor weiteren Schwierigkeiten in Sicherheit zu sein. Zuerst starb Elimelech, und die Söhne heirateten Moabiterinnen. Dann starben auch sie und ließen Ruth und Orpa als Witwen zurück. Eine endemische Malaria, die sich als besonders bösartig unter dem männlichen Geschlecht erwies, hatte jene Gegend heimgesucht, und es ist anzunehmen, daß dies die Todesursache der drei Männer war.

Naemi war in einem fremden Land zurückgeblieben, eine Witwe mit zwei auf sie angewiesenen und verwitweten Schwiegertöchtern. Die Hungersnot herrschte im ganzen Land, und es dauerte zehn Jahre, bis sie abflaute. Als Naemi vernahm, daß «der Herr sich seines Volkes angenommen und ihnen Brot gegeben hatte» (1,6), beschloß sie, in ihre Heimat zurückzukehren. Mit großem Schmerz im Herzen drängte sie auf selbstlose Weise ihre Schwiegertöchter, bei ihrem Volk zu bleiben. Mit ihrem Kummer und ihrer Unschlüssigkeit müssen die drei weinenden Witwen einen ergreifenden Anblick geboten haben.

Orpa ließ sich schließlich von ihrer Mutter überreden, aber Ruth weigerte sich, Naemi zu verlassen, und klammerte sich an sie. Ihre Antwort auf Naemis sanftes Drängen ist ungewöhnlich schön:

Ruth sagte: «Rede mir nicht ein, daß ich dich verlassen und von dir umkehren sollte. Wo du hingehst, da will auch ich hingehen; wo du bleibst, da bleibe ich auch. Dein Volk ist mein Volk, und dein Gott ist mein Gott. Wo du stirbst, da sterbe ich auch, da will ich auch begraben werden. Der Herr tue mir dies und das, nur der Tod wird dich und mich scheiden» (1,16 f.).

«Ihr Gelübde hat sich auf dem Herzen der Welt selbst eingeprägt», schrieb Samuel Cox. «Und das nicht nur wegen der Schönheit seiner schlichten Form, obwohl es auch in unserer Sprache wie eine süße und edle Musik ertönt, sondern weil es in würdiger Form die völlige Hingebung einer echten und selbstvergessenen Liebe zum Ausdruck bringt.»[2]

Ruths Glaubensbekenntnis

Ruths Glaubensbekenntnis bestand darin, daß sie Naemis Gott ihren eigenen Göttern vorzog. Sie war beeindruckt vom Gegensatz zwischen ihrem grausamen Gott Chemosch und dem gnädigen Gott Israels. Was sie von Jahwe im Leben von Naemi und ihrer Familie sah, gefiel ihr. Zuerst wurde sie für Naemi gewonnen und dann durch diese für Naemis Gott. Naemi muß eine edle Frau gewesen sein, um eine solche Zuneigung von ihrer Schwiegertochter zu gewinnen.

Orpa war offenbar von Jahwe nicht so beeindruckt wie Ruth, und als sie vor die Wahl gestellt wurde, kehrte sie zu ihren Göttern zurück (1,15). Anders als Orpa wurde Ruth mit der Wahl zwischen dem höheren und einem niedrigeren Pfad konfrontiert; sie wählte den höheren, und mit betrübten Schritten kehrten die zwei Witwen auf ihm nach Bethlehem zurück.

Es war für Ruth keine leichte und billige Entscheidung. Soweit sie wußte, entschied sie sich für ein Leben der Armut unter fremden Menschen. Und nicht nur das; sie war eine Moabiterin, und Moabiter waren den Juden ein Greuel. Jetzt, da Orpa umgekehrt war, würde sie keine ihrem Alter und ihrer Rasse entsprechende Gesellschaft mehr haben. In Moab bestand die Möglichkeit, einen Ehemann zu finden, nicht aber in Israel. Ihr Entschluß bedeutete also einen echten Ausdruck ihrer tiefen und aufrichtigen Liebe zu Naemi und zu ihrem Gott.

Als sie sich Bethlehem näherten, «erregte sich die ganze Stadt über sie» (1,19). Erinnerungen an frühere Zeiten stürzten über Naemi herein, und sie grüßte ihre alten Freundinnen mit der pathetischen Bitte: «Nennt mich nicht Naemi (süß), sondern Mara (bitter); denn der Allmächtige hat mir viel Bitteres angetan. Voll zog ich aus, aber leer hat mich der Herr wieder heimgebracht» (1,21). Die Unglücksserie hatte ihren Glauben zum Schwinden gebracht. Indem sie von einem Kummer zum andern eilte, war ihr etwas Schlimmeres zugestoßen; denn für sie war der Tod ein Zeichen des göttlichen Mißfallens.

Göttliche Fügung

Die beiden Witwen mußten ihren Lebensunterhalt verdienen, denn sie waren auf mehr Neugierde als Sympathie gestoßen, und von keiner Seite hatten sie greifbare Hilfsangebote erhalten. Darum übernahm Ruth, als pflichtbewußte und liebevolle Tochter, die Verantwortung für ihren Lebensunterhalt.

Zusammen mit anderen jüdischen Mädchen begab sie sich auf das Feld hinaus, um Ähren aufzulesen. Was nun folgte, weist einen lieblichen Zug auf. «Es traf sich», daß sie zu jenem Feld kam, das Boas gehörte (2,3). Und wer war dieser Boas? «Es war aber ein Mann, ein Verwandter des Mannes der Naemi, von dem Geschlecht Elimelechs, mit Namen Boas; der war ein angesehener Mann» (2,1). Boas war ein Gutsbesitzer und niemand anders als der Sohn der Hure Rahab, die auf so wunderbare Weise bei der Zerstörung Jerichos bewahrt worden war (Matth. 1,5). So sehen wir in dieser rechtzeitigen Fürsorge für die zwei bedürftigen Witwen Gottes Fügung am Werk. Er ließ seinen Segen über der Tragödie walten und offenbarte sich als ein Gott der Gnade und des Erbarmens.

Das Feld, auf dem sie Ähren auflasen, setzte sich — obwohl es einen nicht unterteilten Landstrich bildete — aus einzelnen Landanteilen zusammen, die den Bewohnern der Stadt gehörten. Das läßt es umso bemerkenswerter erscheinen, daß es Boas' Anteil war, auf dem Ruth zuerst Ähren auflas. Die gegenseitige Begrüßung zwischen Boas und seinen Schnittern bietet ein nettes Bild vom einfachen orientalischen Leben.

Auf Boas' Gruß: «Der Herr sei mit euch» folgte die Erwiderung der Schnitter: «Der Herr segne dich!» Für sie bedeutete der Gruß nicht eine leere Floskel, sondern eine Anerkennung des Herrn und den Ausdruck eines Wunsches für das gegenseitige Wohlergehen. Ehe der Gruß zu einer bloßen Formalität herabsank, so wie oft unser «Grüß Gott!», waren solche Grüße wirklich Gebete für die so Angesprochenen.

Das mosaische Gesetz enthielt fürsorgliche Vorschriften für den Fall von Menschen, die sich wie Ruth in einer nicht beneidenswerten Situation befanden. Darin heißt es: «Wenn du dein Land aberntest, sollst du nicht alles bis an die Ecken deines Feldes abschneiden, auch nicht Nachlese halten ... sondern dem Armen und Fremdling sollst du es lassen; ich bin der Herr, euer Gott» (3. Mose 19,9 f.). Diese Vorschrift kam Ruth zugute.

Man könnte fragen, auf welche Weise Ruth, eine Moabiterin, sich dem für die Ernte verantwortlichen Knecht verständlich machen konnte (2,7). Die Antwort gibt eine Inschrift, die auf einem 1868 entdeckten Stein gefunden wurde, die beweist, daß nur ein sehr kleiner Unterschied zwischen der moabitischen und der hebräischen Sprache bestand — etwa so wie zwischen einzelnen Dialekten.

Als Boas die Geschichte von Ruths Selbstaufopferung und Liebe zu Naemi vernahm, fühlte er sich gedrungen, etwas zur Erleichterung ihres Loses zu tun. Er bat sie mit Nachdruck, nicht auf anderen Feldern Ähren zu lesen, sondern bei seinen Mägden zu bleiben. Heimlich wies er auch die Schnitter an, wie durch Zufall ein paar Garben liegen zu lassen für sie. Ihre Höflichkeit, Bescheidenheit und Dankbarkeit verfehlten ihre Wirkung auf Boas nicht, der ihr besondere Vergünstigungen anbot (2,14) und anordnete, daß niemand sie schelten durfte.

Leviratsehe

Um die Geschichte richtig verstehen zu können, muß man den Hintergrund der Leviratsehe kennen, das heißt, das Verwandtschaftsgesetz von 5. Mose 25,5 f. (Matth. 22,23-30 basiert auf diesem Konzept der Leviratsehe.) Es besagt: «Wenn Brüder beieinanderwohnen und einer stirbt ohne Söhne, so soll seine Witwe nicht die Frau eines Mannes aus einer anderen Sippe werden, sondern ihr Schwager soll zu ihr gehen und sie zur Frau nehmen und mit ihr die Schwagerehe schließen. Und der erste Sohn, den sie gebiert, soll gelten als der Sohn seines verstorbenen Bruders, damit dessen Name nicht ausgetilgt werde aus Israel.»

Diese Vorschrift verfolgte einen dreifachen Zweck:
1. Die Nachkommenschaft zu erhalten.
2. Das Erbe zu bewahren.
3. Vor Armut zu schützen. Um das ging es auch bei Naemi und Ruth.

Naemi besaß einen Verwandten, der ihr noch näherstand als Boas, der aber nicht bereit war, ihr Erbe vom Besitzstand ihres verstorbenen Mannes auszulösen. Das Vorgehen, zu dem Naemi Ruth unter diesen Umständen riet (3,1-4), war in Wirklichkeit eine indirekte Bitte an Boas, dieser Verwandtschaftspflicht, der sich ihr engerer Verwandter entzogen hatte, nachzukommen.

Ihre Strategie mag uns seltsam und aufdringlich anmuten, aber die Art ihres Vorgehens war keineswegs anmaßend oder dreist. Es war eine anerkannte jüdische Praxis und besaß keinerlei unmoralische Implikationen. Unsere westliche Methode in einem solchen Fall würde wahrscheinlich darin bestehen, Boas die Gründe für die Übernahme seiner Verantwortung darzulegen; aber die orientalischen Menschen ziehen den symbolischen Akt vor, und das ist es, was Naemi vorschlug.

Boas reagierte mit Takt und wahrer Charaktergröße auf diese delikate Situation. Er fühlte sich zu dieser attraktiven, jungen Moabitin stark hingezogen, und so versprach er, sie und den Besitz zu lösen, falls der nahe Verwandte seiner Pflicht nicht nachkam (3,13). Die ganze Sache wurde mit Schicklichkeit durchgeführt (3,14), und Boas hielt sein Wort. Als Ruth am Abend mit sechs Maß Gerste heimkehrte, wußte Naemi, daß sich ihre Strategie bezahlt gemacht hatte, und alles, was sie jetzt zu tun hatte, war, auf das Läuten der Hochzeitsglocken zu warten.

Die Geschichte des Lösens wird mit wohldurchdachten Einzelheiten in Kapitel 4 erzählt. Der Besitz des verstorbenen Ehemannes von Naemi war offenbar schwer verschuldet, und der nahe Verwandte war nicht vermögend genug, ihn auszulösen, ohne sein eigenes Land aufs Spiel zu setzen (4,6); darum dürfen wir ihn nicht zu hart verurteilen. Der Lösepreis schloß nicht nur das verschuldete Land ein, sondern auch Ruth selber. «Du mußt auch Ruth, die Moabiterin, die Frau des Verstorbenen, nehmen, um den Namen des Verstorbenen zu erhalten auf seinem Erbteil» (4,5). So erwarb Boas das Land und löste auch Ruth (4,9 f.).

Für eine geheiligte Phantasie ist es unschwer, im Handeln von Boas ein Bild unseres Lösers zu erkennen, der uns für sich selbst zurückkauft und unser entfremdetes Erbteil löst (s. 1. Kor. 6,19 f.; 1. Petr. 1,3-5). Wie Boas, so erstattet unser Erlöser nicht nur das eingebüßte Erbteil zurück, sondern gibt sich selbst der Braut.

Diese charmante Geschichte enthält wichtige und auch echte universelle Akzente. Sie liefert ein bedeutendes Bindeglied im Geschlechtsregister Davids und damit auch für den Sproß Davids, denn Boas war Davids Großvater. Sie ist ein Vorschatten für die neutestamentliche Wahrheit, daß die Heiden Miterben der Juden sind (Eph. 3,6). Sie bietet einen herzerwärmenden Einblick in die ideale Beziehung zwischen Schwiegermutter und Schwiegertochter. Sie stellt eine wunderschöne, wahre Liebesgeschichte dar.

Ruths aufopferungsvoller Entschluß brachte ihr nicht nur einen gesicherten Lebensunterhalt ein, sondern auch einen liebevollen Ehemann und führte sie direkt in den Stammbaum ein, aus dem der Messias kommen sollte. So wurde sie zu einem Brennpunkt des Segens für die spätere Welt.

Welche gewaltigen und unerwarteten Folgen können doch von einem einzigen Entschluß abhängen! Wie wichtig ist es darum, uns von der Führung Gottes abhängig zu machen und den richtigen Entschluß zu fassen!

Kapitel 7

Jephta — ein Robin Hood des Ostens

Jephta, ein Gileaditer, war ein streitbarer Mann ... und gelobte dem Herrn ein Gelübde. (Richter 11,1.30)

«Gelübde sind heute sehr unmodern! Wir leben in einer Zeit, wo moralische Verbindlichkeiten und Versprechen Gott gegenüber wenig gefragt sind. Der Zustand der Christenheit ist so tief gesunken, daß Eheversprechen und Abkommen zwischen Nationen ungestraft gebrochen werden.»[1]

T. M. Bamber

Bezugsstellen: Richter 11,1-40; 12,1-7; 1. Samuel 12,11; Hebräer 11,32.

Welche Bedeutung könnte das Leben eines unbekannten östlichen Robin Hood schon für Christen im Zeitalter der Weltraumfahrt haben? Darauf kann zunächst geantwortet werden: «Jedes Schriftwort, von Gott eingegeben, dient aber auch zur Lehre, zum Überführen der Schuldigen, zur Besserung und zur Erziehung in der Gerechtigkeit. So wird der Mensch Gottes vollkommen und zu jedem guten Werk fähig» (2. Tim. 3,16 f.).

Aus diesem Grunde hat die Geschichte von Jephta ihren Platz in der Heiligen Schrift gefunden. Es ist einleuchtend, daß jemand, dessen Name in Gottes Ehrenliste eingetragen ist, mehr als ein gewöhnliches Kaliber besitzen muß (Hebr. 11,32). Solche, die sich für diese Auszeichnung qualifizierten, waren ohne Ausnahme in besonderer Weise durch die Hochschule des Glaubens gegangen. Durch Glauben hat Jephta «Königreiche bezwungen ... war stark geworden im Kampf und hat fremde Heere zum Weichen gebracht.» Das allein ist Grund genug, um die Eigenschaften zu untersuchen, die ihm eine solche hohe Ehre einbrachten.

Jephta, der Sohn Gileads und einer aramäischen Frau, war der neunte Richter Israels und lenkte das Schicksal dieses Volkes während sechs Jahren. Seine Mutter war eine Hure. Unter solchen ungünstigen Umständen als Sohn einer anderen Frau geboren, hatte er eine geringere Stellung in der Familie inne und teilte den Makel, der seiner Mutter anhaftete. Wegen seiner unehelichen Geburt wollten seine Brüder ihn nicht als Mitglied der Sippe anerkennen. Als er das Mannesalter erreichte, enterbten sie ihn und jagten ihn aus ihrem Hause fort.

Er floh nach Tob, wahrscheinlich das Herkunftsland seiner Mutter. Dort sammelte er — ähnlich wie David in späteren Jahren — eine Schar «loser Leute» (wahrscheinlich Unbeschäftigte) um sich. Es besteht kein besonderer Hinweis, daß sie bösartig gewesen wären, aber jedenfalls waren sie verwegen und wild und lebten als Verfemte.

Jephta schmiedete sie zu einer schlagkräftigen Streitmacht zusammen und erwarb sich den Ruf eines tapferen Helden. Zweifellos unternahmen sie Raubzüge im Gebiet der Ammoniter, aber in jenen gesetzlosen Tagen wurde ein solches Tun nicht als unehrenhaft betrachtet, vorausgesetzt, die Überfallenen gehörten nicht zum eigenen Stamm.

In unserer Zeit, da die Institution der Ehe zunehmend bedroht ist und uneheliche Geburten immer häufiger auftreten, sollte man die unschuldigen Opfer der weitverbreiteten Promiskuität nicht rügen oder benachteiligen wegen des ererbten Mißgeschicks, für das sie gar nichts können. Es sind die Eltern, welche gesündigt haben, und Vorwürfe sind ausschließlich an ihre Adresse zu richten.

Es bedeutet Trost und Ermutigung für alle, die unschuldig unter den Folgen der laxen Sitten unserer Gesellschaft leiden, daß Jephtas Vererbung seine Laufbahn nicht bleibend beeinträchtigte, denn er wurde der geachtete Führer seines Volkes. Sie schloß ihn auch nicht davon aus, von Gott hoch geehrt zu werden.

Die Tatsache, daß seine Eltern nie heirateten, verursachte dem berühmten Prediger Schottlands, Alexander Whyte, großen Kummer und tiefes Leid.

Aber obwohl dieser Umstand sein Leben überschattete, übte das Leid einen besänftigenden Einfluß auf seinen rauhen Charakter aus und vermittelte seiner Predigt einen einzigartig eindringlichen Zug.

Gottes Weg aufwärts führt nach unten

In ähnlicher Weise stand Gottes Walten auch über der Tragödie der unglücklichen Geburtsumstände von Jephta. Hätten seine Brüder — wie bei Joseph — ihn nicht ausgestoßen, wäre er nie der erste Mann in seinem Volke geworden. Gerade in seiner Verbannung erlernte er das Kriegshandwerk, das ihn zum Führer aufsteigen ließ. Josephs Worte an seine Brüder hätten auch in Jephtas Mund gepaßt: «Ihr gedachtet es böse mit mir zu machen, aber Gott gedachte es gut zu machen, um zu tun, was jetzt am Tage ist» (1. Mose 50,20). Gott hat seine eigenen Erziehungsmethoden; und gewöhnlich ist es so, daß sein Weg aufwärts zuerst nach unten führt, denn der Berg ist nur so hoch, wie das Tal tief ist.

Eine akute Krise trat ein, als die Ammoniter Jephtas Landsleuten mit einer Invasion drohten. Die Krise macht nicht immer den Mann, aber gewöhnlich offenbart sie, was in ihm steckt. Das war jedenfalls bei Gileads verachtetem Sohn der Fall. Es fehlte ihnen die Führung, und in ihrer Verlegenheit wandten sie sich an den Mann, den sie verstoßen hatten. Er hatte sich als fähiger Krieger ausgewiesen, und seine Schar geübter und wagemutiger Männer würde in jeder Auseinandersetzung eine große Hilfe darstellen. Es macht den Anschein, als hätten einige seiner Brüder zur Abordnung gehört (Richter 11,7). In Anbetracht ihrer gemeinen Behandlung von Jephta fühlte er sich zweifellos dazu berechtigt, ein wenig dramatisch zu sein.

«Seid ihr es nicht, die mich hassen und aus meiner Familie ausgestoßen haben?» fragte er. «Und nun kommt ihr zu mir, weil ihr in Bedrängnis seid?» Aber da er ebenso Patriot wie Gottesmann war, verschloß er sein Ohr ihrem Appell nicht. Er ließ es nicht zu, daß sein persönlicher Groll stärker war als sein nationales Pflichtbewußtsein.

Daß er charismatische Führereigenschaften besaß, geht deutlich aus dem Einfluß hervor, den er ausübte, und auch aus der Treue seiner Anhänger zu ihm. Seine natürlichen Gaben wurden beträchtlich gesteigert durch eine besondere Ausrüstung des Geistes, «denn der Geist des Herrn kam über Jephta». Aufgrund seiner Salbung wird er in «die Liste der charismatischen Führer eingetragen».[2] Als Folge eines göttlichen Auftrages wurde ihm eine geistliche Autorität übertragen. Samuel sagt uns, daß der Herr Jephta als Retter der Nation sandte (1. Samuel 12,11).

Aus dem Inhalt und Ton der versöhnlichen Botschaft, die er den Ammonitern schickte, ersehen wir, daß er sowohl mit dem mosaischen Gesetz wie auch mit der Geschichte des Volkes vertraut war. Sein unstetes Wanderleben hatte ihn nicht seiner echten Frömmigkeit und Gottesfurcht beraubt. Es ist kennzeichnend, daß seine erste Handlung als oberster Richter darin bestand, die ganze Situation — vielleicht in der Stiftshütte — vor dem Herrn auszubreiten. «Das Volk setzte ihn zum Haupt und Obersten über sich. Und *Jephta redete alles, was er zu sagen hatte, vor dem Herrn in Mizpa*» (Richter 11,11). Seine geistliche Empfindsamkeit offenbart sich darin, daß er schon gleich nach seiner Amtseinsetzung die göttliche Billigung und Leitung für die vor ihm liegende Aufgabe suchte.

Ein geschickter Vermittler

Die Weise, wie er mit den Ammonitern und den Männern von Ephraim Verhandlungen führte, um den Krieg zu vermeiden, zeigt ihn als einen weisen Mann, der um den Wert diplomatischer Schritte wußte und nicht blind in einen Krieg hinein lief. So sandte er zuerst eine friedliche und höfliche Botschaft an seine aggressiven Feinde. Er legte Wert darauf, klarzumachen, daß die Initiative zu den Feindseligkeiten nicht von ihm kam und er die Konfrontation nicht suchte.

Auf die grundlose Beschuldigung des Königs der Ammoniter, Israel hätte sich unrechtmäßig sein Land angeeignet, als es aus Ägypten kam, gab Jephta eine ruhige und wohlüberlegte Antwort aus der Geschichte. Israel hatte sich das Land Moabs und Ammons nicht unrechtmäßig angeeignet (11,15). Jahwe war es, der Israel das Land gegeben hatte, das es dann auch eingenommen hatte (11,21). Wenn ihr Gott Chemosch ihnen Land gab, sollten sie es dann nicht auch einnehmen? Balak, der König von Moab, hatte Israels Anspruch nie bestritten (11,24 f.). Also war Israel unschuldig, und die Ammoniter waren im Unrecht, wenn sie mit Krieg drohten; sie hatten keinen Grund zum Angriff.

Seine Verhandlungen mit den erzürnten Ephraimiten führte er

in einem ähnlich versöhnlichen Geist (12,1-3). Er wies ihren verärgerten Vorwurf zurück, sie seien ignoriert worden. Tatsache war, daß er sie gerufen hatte, während sie jedoch darauf nicht reagiert hatten. Das anschließende Vorgehen Jephtas erscheint jedoch ungebührlich hart.

Obwohl er Mäßigung im Umgang mit anderen zeigte, ließ er sich nichts vormachen. Als die Gileaditer ihn zu ihrem Führer machen wollten, veranlaßten ihn seine angeborene Klugheit und seine bisherige Erfahrung, mit seiner Antwort vorsichtig zu sein. Er wollte die drückende Verantwortung der Führung nicht übernehmen, bis er es schwarz auf weiß hatte, daß sie ihm die uneingeschränkte Führung übergaben (11,9.11). Dieselbe Klugheit bewies er mit der Methode, wie er die Stammeszugehörigkeit der aufrührerischen Ephraimiten prüfte (12,5 f.).

Ein tragisches Gelübde

Unter Jephtas begeisternder Führung besiegten die Israeliten die Ammoniter vollständig und eroberten zwanzig Städte. Aber ehe er in den Kampf ging, gelobte er dem Herrn ein Gelübde, das seinen Triumph in eine Tragödie verwandeln sollte. Ein Gelübde ist ein freiwilliges Versprechen vor Gott, für einen erhofften Nutzen etwas Gott Wohlgefälliges zu tun oder sich gewisser Dinge zu enthalten (vgl. 1. Sam. 1,11). Im Falle eines Sieges versprach er dem Herrn: «So soll, was mir aus meiner Haustür entgegengeht, wenn ich von den Ammonitern heil zurückkomme, dem Herrn gehören, und ich will's als Brandopfer darbringen» (11,30 f.).

Seine Frau war offensichtlich gestorben und hatte ihm nur ein einziges Kind, eine Tochter, hinterlassen. Man kann sich seinen Kummer vorstellen, als bei seiner siegreichen Rückkehr seine geliebte Tochter aus dem Hause eilte, um ihn zu begrüßen. «Ach, meine Tochter», rief er, indem er im Schmerz seine Kleider zerriß. «Ich habe meinen Mund aufgetan vor dem Herrn und kann's nicht widerrufen.» Es wird berichtet, daß er nach Ablauf von zwei Monaten mit ihr tat, «wie er gelobt hatte» (11,39).

Die kritische Frage, über die schon über die Jahre endlos debattiert worden ist, lautet: Was genau tat Jephta seiner Tochter, um sein Gelübde zu halten? Hat er sie als Brandopfer dargebracht, oder hat er sie immerwährender Jungfräulichkeit und dem Dienst im Heiligtum geweiht? Beide Seiten haben eine beträchtliche Anhängerschaft, und es wird wohl unmöglich sein, zu einer endgültigen Antwort zu gelangen. Vielleicht ist's das beste für uns, uns jener Auffassung anzuschließen, die am meisten mit dem offenbarten Wesen Gottes in Einklang steht.

Wurde Jephtas Tochter geopfert?

Die römische Geschichte berichtet von einem ähnlichen Gelübde, das Idomeneus, König von Kreta, ablegte, als er auf dem Weg heim vom Trojanischen Krieg von einem fürchterlichen Sturm überrascht wurde. In seiner Angst schwur er, den Göttern zu opfern, was ihm bei seiner Rückkehr in sein Haus zuerst begegnete, wenn sein Leben verschont wurde. Zu seinem Schmerz war es sein eigener Sohn, der ihm zuerst begegnete.

Porphyry schrieb: «Die Phönizier pflegten in allen großen Kriegs-, Hungers- und Dürrenöten einen ihrer nächsten und liebsten Angehörigen durch das Los als Opfer für Saturn zu bestimmen.»[3] Der Gedanke des Menschenopfers war also in jenen frühen Tagen wohlbekannt. Aber in diesem Fall erhebt sich die Frage, ob eine solche Tat einem echten Anbeter Jahwes auch wirklich entsprach, und dies um so mehr, als Jephta ja mit dem mosaischen Gesetz vertraut war, welches Menschenopfer sehr nachdrücklich verbot. Würde er gelobt haben, etwas zu tun, was Gott ausdrücklich untersagt hatte? (3. Mose 18,21).

Wenn er wirklich seine Tochter opferte, dann entweder weil er das göttliche Verbot nicht kannte, oder weil er es in flagranter Weise mißachtete. Das würde kaum das Tun eines Mannes sein, von dem soeben gesagt worden ist: «Da kam der Geist des Herrn auf Jephta» (11,29).

Gibt es irgendeine annehmbare Alternative zu dem, was ein Menschenopfer gewesen wäre? Wir glauben, ja. Die Fassung der englischen NASB-Ausgabe von 11,31 unterstützt diese Ansicht. Darin heißt es: «Was immer aus der Türe meines Hauses kommt, um mir zu begegnen, das soll dem Herrn gehören, *oder* ich will es als Brandopfer darbringen» (Hervorhebung vom Verfasser). Wenn schon zwei Übersetzungen möglich sind, würde es dann dem offenbarten Wesen Gottes nicht mehr entsprechen, sich für die humanere zu entscheiden?

Zur weiteren Stützung dieser Auffassung sei 3. Mose 27,1-8 herangezogen. Im Falle eines schwierigen Gelübdes war es nach diesem Abschnitt erlaubt, einen Geldbetrag, dessen Höhe vom Priester festgelegt wurde, als Ersatz darzubringen. Das würde in Jephtas Fall bedeuten, daß ein Tier, wäre dieses aus dem Hause gekommen, als Brandopfer dargebracht worden wäre. War es aber ein Mensch, so konnte ein Geldopfer dargebracht werden, und die betreffende Person wurde dem Dienst am Heiligtum geweiht.

Daß Jephtas Tochter nicht buchstäblich geschlachtet wurde, wird auch von Prof. W. G. Moorehead vertreten: «Trotz der starken Argumente, die für die Auffassung sprechen, daß Jephta in Übereinstimmung mit seinem Gelübde Gott tatsächlich seine Tochter opferte, bietet der irgendwie mehrdeutige Text genügend Grund, um eine humanere Interpretation zu rechtfertigen. Das würde auch mehr in Einklang stehen sowohl mit dem Platz, der Jephta unter den Heiligen eingeräumt wird, wie auch mit dem 'Beweinen ihrer Jungfrauschaft', was damit zu erklären ist, daß ihr Vater sie lebenslang zum Zölibat und zur Abgeschiedenheit verpflichtete.»[4]

Edle Züge

Welche Auffassung auch vorgezogen wird — edle Züge sind beim Vater wie bei der Tochter erkennbar. Integrität und Treue, das sind die herausragenden Eigenschaften beim Vater. Obwohl es bedeutete, sich das Herz aus dem Leibe zu reißen und die Gewißheit des Sterbens ohne Nachkommenschaft — etwas Schwerwiegendes für einen Juden — auf sich zu nehmen, stand er zu seinem Gelübde. Wenn es zweifellos auch ein Fehler gewesen war, das Gelübde abzulegen, so ließ er sich, als es einmal geschehen war, auch nicht durch seine väterliche Liebe davon abbringen, es einzuhalten. Sein Fehler lag nicht in der Weigerung, sich von der Erfüllung eines Gott gegebenen Versprechens abhalten zu lassen, sondern in der mangelhaften und unwürdigen Auffassung von Gott, die zum Gelübde geführt hatte.

Die Antwort der Tochter auf den schmerzerfüllten Ausruf ihres

Vaters ist in ihrer Würde mit der Antwort einer anderen Jungfrau vergleichbar: «Mein Vater, hast du deinen Mund aufgetan vor dem Herrn, so tu mit mir, wie dein Mund geredet hat, nachdem der Herr dich gerächt hat an deinen Feinden, den Ammonitern» (11,36). Jahrhunderte später antwortete Maria, die Mutter unseres Herrn, auf die Ankündigung des Engels: «Siehe, ich bin des Herrn Magd; mir geschehe, wie du gesagt hast» (Luk. 1,38). Die Frömmigkeit von Jephtas Tochter, das Bewußtsein ihrer Kindespflicht und der Patriotismus kennzeichnen sie als eine der großen Heldinnen der Geschichte.

Gelübde in unserer Zeit

Welches ist die biblische Lehre im Blick auf Gelübde in unseren Tagen? Nur zweimal werden im Neuen Testament Gelübde erwähnt, einmal von unserem Herrn und einmal in Verbindung mit Paulus (Apg. 18,18). Interessanterweise sprach Christus von Gelübden nur, um ihren Mißbrauch zu verurteilen.

Im Fall von Paulus hatte dieser aus einem bestimmten Grund ein zeitlich begrenztes Nasiräer-Gelübde abgelegt. Dieser Grund bestand vielleicht in der Bewahrung in einer großen Gefahr. Er ließ sein Haar für die Dauer des Gelübdes lang wachsen, ließ es aber schneiden, bevor er nach Syrien aufbrach, ein Zeichen, daß die Dauer des Gelübdes abgelaufen war. In dieser Stelle wird weder für noch gegen das Ablegen eines Gelübdes etwas gesagt. Es ist dem Gewissen eines jeden Gläubigen überlassen. Niemand sollte ein Versprechen ablegen, das er doch nicht halten kann.

Im Alten Testament wurden Gelübde immer freiwillig abgelegt und nie als eine religiöse Pflicht betrachtet (5. Mose 23,22). Doch einmal abgelegt, mußten sie gewissenhaft gehalten werden. «Wenn du Gott ein Gelübde tust, so zögere nicht, es zu halten; denn er hat kein Gefallen an den Toren. Es ist besser, du gelobst nichts, als daß du nicht hältst, was du gelobst» (Pred. 5,3 f).

Ein Gelübde war als Ausdruck der Dankbarkeit zu Gott statthaft, nicht aber als Preis für eine Gefälligkeit. Angesichts der großen Zahl von Gelübden, die in Notzeiten getan werden, nur um gebrochen zu werden, sollte ein Gelübde nicht aus einer Augenblickseingebung heraus getan werden, sondern nur nach sorgfältiger Überlegung und mit der Entschlossenheit, es zu halten. Das gewiß nicht unwichtigste Gelübde ist jenes, welches am Traualtar getan wird; es sollte nicht leichtsinnig und unüberlegt abgelegt und, wenn es gesprochen ist, treu gehalten werden.

Kapitel 8

Samuel —
der Mann mit den sechs
Dienstbereichen

Der Herr war mit Samuel und ließ keines von all seinen Worten zur Erde fallen. (1. Sam. 3,19)

«Es gibt Zeiten in der Geschichte der Völker, wo ein einziger Mann mehr wert ist als eine ganze Menge Männer, und zwar weil Qualität wertvoller ist als Quantität und individueller Charakter effektiver als zahlenmäßige Stärke. Das Leben einer Nation, gut oder schlecht, reduziert sich gewöhnlich auf die Frage eines Menschen ... In diesem Sinne war Samuel in seiner Zeit der eine, große Lebens- und Gerechtigkeitsfaktor zwischen Gott und Israel.»[1]

Henry W. Frost

Bezugsstellen: 1. Buch Samuel; Psalm 99,6; Jeremia 15,1; Apostelgeschichte 3,24; 13,20; Hebräer 11,32.

Nur wenige Führer des jüdischen Volkes übten so viele Funktionen und mit soviel Würde aus wie Samuel. Als wen wollen wir ihn bezeichnen? Als Priester, Prophet, Richter, Königsmacher, Erzieher, Schmied der Nation? Er war alles zusammen und verdient, wie Abraham und Mose als ein führender Architekt des Schicksals der Nation bezeichnet zu werden.

Als es schien, daß ein dekadentes und abtrünniges Israel von seinen Feinden verschlungen werden müßte, erweckte Gott Samuel als Retter des Volkes. Er war der letzte der Richter und gebot mit Gottes Hilfe dem Abfall des Volkes Einhalt, konsolidierte das Königreich und gab ihm sowohl seine Ausrichtung wie auch eine geordnete Regierung. Viele Jahre lang leitete dieser wuchtige, jedoch sanfte Mann das Geschick der Nation.

Als Samuel die Führung des Volkes übernahm, befand sich dieses in einem desolaten Zustand. Die permissive Gesellschaft, die während der Richterzeit entstanden war, hatte das Volk moralisch und geistlich zu seinem tiefsten Punkt geführt. Es gibt, wie Charles Kingsley sagte, zwei Arten von Freiheit: die falsche Freiheit, wo der Mensch frei ist, alles zu tun, was ihm beliebt, und die wahre Freiheit, wo der Mensch frei ist, zu tun, was er sollte. Zur Zeit der Richter «tat jeder, was ihn recht dünkte» (Richter 21,25). Die Demokratie tobte sich aus, und das Ergebnis war ein moralisches Chaos. Aber Gott verließ sein Volk nicht, und das Werkzeug, das er gebrauchte, um dem Volk wieder seinen Segen zufließen zu lassen, war eine kinderlose Frau, die unhörbar ihren Herzenskummer vor Gott ausbreitete (1. Sam. 1,11).

Elkana und seine Frau waren beide fromm und gottergeben. Ihr Heim war in Ramatajim-Zofim im Bergland von Ephraim. Die Mehrehe war in Israel noch üblich, und ihre häusliche Harmonie wurde getrübt durch die Kränkungen, die Elkanas zweite Frau, die mit vier Kindern gesegnet war, Hanna zufügte. Pennina betrachtete ihre Kinder als besonderen Gunsterweis Gottes und Hannas Unfruchtbarkeit als Zeichen seines Mißfallens. Mit ihren Kränkungen und ihrer Überheblichkeit machte sie Hanna das Leben sauer. Deren einzige Zuflucht war das Gebet. Ihr Flehen zu Gott um einen Sohn, den sie ihm zurückzugeben versprach, fand bei einem Gott voller Liebe und Mitleid Erhörung.

Der Segen einer betenden Mutter

Als Hanna den Tempel aufsuchte, um ihr Herz auszuschütten, erfuhr sie eine schlechte Behandlung von Eli, dem alten Priester, der die Intensität ihres Flehens als Trunkenheit mißverstand (1,12 f.). Als er den Grund für ihren Kummer erfuhr, sandte er sie mit einem Segen und der Gewißheit fort, daß ihr Gebet erhört worden war.

Gott war ebenso bestimmt in seiner Antwort, wie sie es in ihrem Gebet gewesen war, und Hanna nannte ihren Sohn Samuel, «vom Herrn erbeten». Ist es bei einem solchen Hintergrund verwunderlich, daß aus dem Kind einer der größten Fürbitter der Welt wurde?

Abraham Lincoln sagte, daß er alles, was er war oder zu werden hoffte, seiner engelgleichen Mutter verdankte.[2] Samuel hätte ohne

Zweifel das gleiche sagen können, denn Hanna zählt zum Adel der Bibel.

Ihr Lobgesang für Gottes Gabe ist in seiner Schönheit vergleichbar mit Marias Lobpreisung und hat diese auch zweifellos inspiriert (Luk. 1,46-55). Hanna hielt ihr Versprechen, und als die Zeit gekommen war, brachte sie ihren Sohn in den Tempel vor Gott. Vier Jahre lang hatte sie sich den Genuß gesellschaftlichen Umgangs und der Festlichkeiten der jährlichen Pilgerreise nach Jerusalem versagt, ohne deswegen mißmutig zu sein (1. Sam. 1,21-28).

Es liegt sowohl Schönheit wie auch Mitleiderregendes in der Beziehung zwischen dem Knaben und Eli, dem zwar freundlichen, aber auch nachlässigen Priester. Seine eigensinnigen Söhne, Hofni und Pinhas, waren nichtsnutzige Burschen, die die Vorrechte ihrer Stellung mißachteten. In grober Weise verletzten sie die Opfergesetze, um ihre ungezügelten Triebe zu befriedigen. Gott betrachtete eine solche Schändung des Heiligtums und Pietätlosigkeit als große Sünde (2,17).

Bei all seinen guten Seiten war Eli jedoch ein schwächlicher Vater, der nur matte Versuche unternahm, um seine Söhne unter Kontrolle zu bekommen. Sein größtes Versagen bestand darin, daß er seine Söhne mehr ehrte als Gott (2,29), und das brachte ihm eine bittere Ernte ein. Welch ein Gegensatz besteht doch zwischen dem Liebreiz und der Reinheit des kleinen Samuel und den verdorbenen Söhnen Elis! Während diese in ihren Sünden schwelgten, «nahm der Knabe Samuel immer mehr zu an Alter und Gunst bei dem Herrn und bei den Menschen» (2,26).

Der Ruf Gottes

Im Leben der meisten Männer und Frauen, die im Reiche Gottes eine Bedeutung erlangt haben, gab es eine besondere Erfahrung, die sie des Rufes Gottes bewußt werden ließ. Bei Samuel geschah dies schon früh. Die Geschichte von Gottes dreifachem Ruf und von der schnellen Antwort des Knaben hat Jahrhunderte hindurch die Kinderherzen entzückt. Geistlich abgestumpft erkannte Eli zunächst nicht, daß es der Herr war, welcher Samuel rief. Dann zeigte er dem Jungen, wie er reagieren sollte, wenn der Ruf wieder kam: «Rede, Herr, denn dein Knecht hört» (3,9).

Auch wenn Gott heute zu uns nicht so hörbar wie zu Samuel redet, können wir dennoch seine vollmächtige Stimme durch sein Wort vernehmen. Wenn wir bereit sind, gehorsam zu sein, hören wir sie am deutlichsten.

Konfuzius sagte einst, daß der ein großer Mann sei, der nicht sein «Kinderherz» verliere. Die Botschaft, die der Knabe empfing, erfüllte ihn mit einer bösen Ahnung. Wie sollte er eine solche Unheilsbotschaft seinem gütigen, alten Freund überbringen? (3,11-14). Zuerst schreckte er davor zurück, doch auf das Drängen des alten Mannes «sagte ihm Samuel alles und verschwieg ihm nichts» (3,18). Etwas von seiner alten, edlen Gesinnung schimmerte noch einmal durch, als Eli antwortete: «Es ist der Herr; er tue, was ihm wohlgefällt.»

Dieses ernste Erlebnis war Samuels Einführung in das Prophetenamt, denn «ganz Israel ... erkannte, daß Samuel damit betraut war, Prophet des Herrn zu sein» (3,20). Josephus sagt uns, daß Samuel erst zwölf war, als der Herr ihm erschien. Solche Männer sind auf den Kanzeln unseres Landes dringend gebraucht, Propheten wie Samuel, die sich nicht scheuen, den ganzen Ratschluß Gottes, sowohl Gnade wie Gericht, zu verkündigen, obwohl das durchaus nicht populär ist. Es gibt immer noch Zeiten, in denen eine einsame Prophetenstimme einen mächtigeren Einfluß ausüben kann als die Stimme der Masse.

Samuel der Richter

Nach dem tragischen Tod Elis fiel die Verantwortung des Richteramtes in Israel auf Samuel (7,6). Die Richter Israels bildeten nicht eine reguläre Folge von Führern, sondern waren Befreier, die Gott gelegentlich berief, um sein Volk zu führen und in Zeiten akuter Krisen Recht zu sprechen. Im Rahmen seiner Pflichten veranstaltete Samuel von Rama, seinem Zentrum, aus jährliche Rundreisen nach Bethel, Gilgal und Mizpa und festigte Recht und Ordnung im zerrütteten Lande. Er hatte dieses Amt bis zu seinem Tode inne (7,15).

Die Niederlage Israels durch die Philister und der Verlust der Bundeslade war ein demoralisierender Schlag für das Volk (4,10f.). Die prophetische Äußerung der Frau von Pinhas erwies sich als nur allzu wahr, als sie ihren Sohn Ikabod nannte — «die Herrlichkeit ist hinweg aus Israel!» (4,21). Gott hatte sein Volk seinen selbsterwählten Wegen überlassen (4,22). Weil sie nicht hören wollten, mußten sie fühlen, daß sie mit Gott nicht spaßen konnten.

Unter Samuels weiser und von Gebet getragener Führung begann sich ein gesünderes geistliches Klima zu entwickeln. Sein Bußruf war gepaart mit der Gewißheit göttlicher Hilfe. «Wenn ihr euch von ganzem Herzen zu dem Herrn bekehren wollt, so tut von euch die fremden Götter und die Astarten» (7,3). Das Volk tat Buße, und Gott erhörte Samuels Fürbitte und schaffte ihnen Befreiung (7,8-12).

Eine der Sorgen im Leben dieses großen Mannes Samuel war, daß ihm seine Söhne keine Freude bereiteten. Die Tragödie, die sich im Fall Elis und seiner Söhne vor seinen Augen abgespielt hatte, wiederholte sich — wenn auch in kleinerem Ausmaße — in seinem eigenen Leben, denn «seine Söhne wandelten nicht in seinen Wegen, sondern suchten ihren Vorteil und nahmen Geschenke und beugten das Recht» (8,3).

Samuel war nicht der letzte Vater, der unter einer solchen Erfahrung litt. Die Bibel sagt nicht, bei wem die Schuld für die Missetaten seiner Söhne lag, aber der Vater muß, wenn auch nicht für ihre Taten, so doch für ihr Verbleiben in ihren Funktionen ein gewisses Maß an Verantwortung tragen. Er bekleidete das höchste Amt im Volke und konnte deshalb nicht für unschuldig gehalten werden. Es ist nur allzu wahr, daß wir aus der Geschichte lernen, daß die Menschen eben nicht aus der Geschichte lernen.

Der Weg der Ablehnung

Es war ein harter Schlag für den Propheten, als die Ältesten des Volkes sich weigerten, seine Ernennung seiner Söhne zu Richtern über Israel zu ratifizieren. Man wundert sich, wie sich ein solcher Mann von seiner väterlichen Zuneigung und Ambition zu einem solchen Vorschlag hinreißen lassen konnte. Das zeigt, daß er ein Mensch mit den gleichen Schwächen war wie wir.

Das Volk wandte sich gegen seine Führungsrolle und verlangte von ihm die Einsetzung eines Königs. «Setze nun einen König über uns», lautete ihre Forderung. Samuel erkannte, daß das Volk in eine große Krise geraten war, und sein Kummer vermehrte sich im Bewußtsein, daß sein Versagen in der Familie diese Entwicklung beschleunigt hatte. Mit prophetischer Einsicht wußte er, daß ihre Forderung in Wirklichkeit eine Ablehnung der Theokratie — der Herrschaft Gottes über das Volk — und der Wunsch nach einer Monarchie war, wie sie in anderen Völkern bestand. Gottes Plan war, daß sie *nicht* wie die andern Völker und nur ihm untertan sein sollten. Aber sie wollten *wie* die andern Völker sein.

Keinem Führer gefällt es, verworfen zu werden, und Samuel war über das übliche Maß hinaus selbstlos in seinem Dienst gewesen. Der Herr sprach freundlich mit ihm in dieser bitteren Stunde und zeigte ihm, daß er die Verwerfung seines Knechtes teilte. «Gehorche der Stimme des Volkes», riet der Herr ihm, «in allem, was sie zu dir gesagt haben; denn sie haben nicht dich, sondern mich verworfen, daß ich nicht mehr König über sie sein soll» (8,7). Er beauftragte Samuel, sie vor dem hohen Preis zu warnen, wenn ihrer Forderung stattgegeben würde, damit ihnen klar war, was sie damit wollten (8,11-18).

Doch das Volk war es müde, nur einen unsichtbaren Führer zu haben, und ließ sich nicht umstimmen. Sie wollten jemanden haben, den sie sehen und manipulieren konnten. Wie sehr sollte Samuel mit seiner Warnung recht behalten! Als Rehabeam König wurde, beklagte sich das Volk: «Dein Vater hat unser Joch zu hart gemacht. Mache du nun den harten Dienst und das schwere Joch leichter, das er uns aufgelegt hat.» Zu ihrer Bestürzung erwiderte er: «Mein Vater hat auf euch ein schweres Joch gelegt, ich aber will's euch noch schwerer machen ... ich will euch mit Skorpionen züchtigen» (1. Kön. 12,4.11).

Ein Mann von Format

Samuels wahres Format zeigte sich an der Weise, wie er auf seine Verwerfung reagierte. Er ließ sich weder zu Ärger noch zu Verdrießlichkeit hinreißen, sondern tat, wie der Herr ihn geheißen hatte, und ernannte einen König. So fügte er seinen bisherigen Funktionen diejenige des Königmachers hinzu.

Er vergaß seine persönlichen Gefühle und salbte Saul, den Sohn des Kis, heimlich zum König Israels. Die Ernennung wurde später vom Volk gutgeheißen. Saul begann seine Karriere unter günstigen Umständen und erfreute sich von Anfang an der vollen Unterstützung und Treue Samuels, obgleich dieser im Tadeln ebenso treu war wie im Ermuntern.

Es würde schwer fallen, sich eine noblere und würdigere Abschiedsrede vorzustellen als jene von Samuel. Er erinnerte das Volk daran, mit welcher Selbstlosigkeit und Rechtschaffenheit er von seiner Jugend an bis zu seinem Alter sein Amt versehen hatte. Er forderte volle Rechtfertigung seiner Amtsführung in der Gegenwart des Königs (1. Sam. 12,1-3), indem er sie aufforderte, seine Ehrlichkeit anzufechten, wenn sie das könnten. Seine Sorge um das Volk und seine Liebe zu ihm kamen in seinen Schlußworten zum Ausdruck: «Es sei aber auch ferne von mir, mich an dem Herrn dadurch zu versündigen, daß ich davon abließe, für euch zu beten» (12,23).

Als er über die Jahre die ständige Charakterentartung Sauls sah, brach ihm schier das Herz. Dann kam das Wort des Herrn zu ihm: «Es reut mich, daß ich Saul zum König gemacht habe ... Darüber wurde Samuel zornig und schrie zu dem Herrn die ganze Nacht» (15,10 f.). Der völlige Bruch kam, als Sauls Abfall endgültig war. «Und Samuel sah Saul fortan nicht mehr bis an den Tag seines Todes. Aber doch trug Samuel Leid um Saul» (15,35).

Prophetenschulen

Einer der besonderen Beiträge Samuels an das Leben der Nation lag auf dem Gebiet der theologischen Ausbildung. Vor seiner eigenen Berufung in den Priesterstand hieß es: «Und zu der Zeit ... war des Herrn Wort selten, und es gab kaum noch Offenbarung» (3,1). Aber nach seiner Berufung zum Prophetenamt «offenbarte sich der Herr Samuel zu Silo durch sein Wort» (3,21).

Es war seine Eigenschaft als Prophet, durch die er wahrscheinlich einen seiner wirksamsten Beiträge an das geistliche und kulturelle Leben des Volkes leistete. Auf seine Anregung hin entstanden Prophetengruppen oder Prophetenschulen. Das erste Mal erscheinen sie in Kapitel 10,5 in organisiertem Rahmen. Wir erhalten keine genaueren Angaben über die organisatorische Form dieser theologischen Seminare oder Bibelschulen, doch unter seiner weisen Leitung übten sie eine bemerkenswerte Funktion aus.

Nach seinem Tod ist erst wieder in der Zeit von Elia und Elisa die Rede von Prophetenschulen. Die beiden Propheten erhielten viel Unterstützung durch sie, während sie ihrerseits den Prophetenschulen zweifellos mit ihrem Rat zur Seite standen. Nach Elisas Tod hört man nichts mehr von ihnen. Sie hatten die äußerst wichtige Funktion erfüllt, die Reinheit der göttlichen Botschaft zu bewahren.

Ein Mann des Gebets

Keine Betrachtung des Propheten wäre vollständig ohne den Hinweis auf den Stellenwert des Gebets in seinem Leben und Dienst. Schon von Mutterleibe an wurde er vom Gebet getragen, und seine jungen Jahre verbrachte er im Haus des Gebets. Er besaß ein offenes Ohr für die Stimme Gottes. Die Antwort, die er als Knabe gab, könnte über seinem ganzen Leben stehen: «Rede, Herr, denn dein Knecht hört.»

«Betende Samuels kommen von betenden Hannas, und betende Führer kommen von betenden Häusern», schrieb E. M. Bounds.[3] In nationalen Krisenzeiten war Samuels erste Zuflucht stets das Gebet. Seine Botschaft an das bedrohte Volk lautete: «Versammelt ganz Israel in Mizpa, daß ich für euch zum Herrn bete» (7,5). Und das Volk glaubte an die Wirksamkeit seiner Fürbitte. «Laß nicht ab, für uns zu schreien zu dem Herrn, unserm Gott, daß er uns helfe aus der Hand der Philister» (7,8). «Er schrie zum Herrn für Israel, und der Herr erhörte ihn» (7,9). Kein Wunder, daß Jeremia ihn zusammen mit Mose als einen der größten Fürbitter bezeichnet (Jer. 15,1).

Daß in seiner Geschichte immer wieder sein Gebetsleben erwähnt wird, zeigt, daß für ihn das Gebet nicht ein bloßer Zusatz zu seinen geistlichen Übungen war, sondern ihr eigentliches Herzblut.

Der Psalmist würdigt die Wirksamkeit seiner Gebete: «Mose und Aaron unter seinen Priestern und Samuel unter denen, die seinen Namen anrufen, die riefen den Herrn an, und er erhörte sie» (Ps. 99,6).

Die Hexe von Endor

Samuels Geschichte war nicht zu Ende mit seinem Tode. Er kam aus den Schatten des Totenreiches zurück und predigte Saul. Ohne Samuels Unterstützung war Saul ein verlorener Mann. Als die Philister wieder angriffen, war er außer sich vor Furcht. Er hatte nicht nur Samuel verloren, er hatte auch Gott verloren. Er mußte seinen alten Freund Samuel wiedersehen und seinen Rat bekommen, denn keine Träume oder Visionen gaben ihm jetzt Führung. In seiner Verzweiflung mißachtete er Gottes ausdrückliches Verbot und holte sich bei der Hexe von Endor Zuspruch.

Das erbärmliche Schauspiel eines stolzen Königs, der sich verkleidet und im Dunkel der Nacht zu einer Totenbeschwörerin schleicht, bezeichnet den Tiefpunkt seiner Karriere. Er garantierte ihr Straffreiheit und bittet sie, Samuel von den Toten herbeizurufen (28,3-25). Zur Bestürzung beider, des Mediums und des Königs, unterbricht Gott selbst die Sitzung, indem er nicht einen betrügerischen Geist, sondern Samuel selbst in Person erscheinen läßt.

Der Abschnitt ist nicht ohne Interpretationsprobleme, doch es sollte beachtet werden, daß es ausdrücklich heißt: «Samuel aber sprach zu Saul ...» Diese bestimmte Feststellung der Bibel schließt die Möglichkeit aus, daß sich hier ein Geist betrügerisch als Samuel ausgab. Es sieht so aus, als habe Gott Samuel gestattet, Saul zu erscheinen, jedoch nur, um ihm die letzte furchtbare Botschaft seiner Verwerfung zu übermitteln. Zu seiner Bestürzung entdeckte er, daß Samuel noch immer auf Gottes Seite steht.

Daß es sich hier um eine tatsächliche Erscheinung Samuels handelt, beweist auch die Überraschung und das Entsetzen des Mediums über das unerwartete Ergebnis ihrer Totenbeschwörung. Die genaue Erfüllung von Samuels Weissagung durch den Tod Sauls machte es klar, daß Gott tatsächlich durch seinen Knecht geredet hatte. Offenbar erschien Samuel nicht bloß auf das Rufen des Mediums hin, warum sonst wäre sie so erstaunt und schrie so laut? Gott läßt nicht zu, daß die Geister seiner abgeschiedenen Kinder der Laune oder dem Befehl gottloser Medien auf Erden zu Gebote stehen.

War diese zugelassene Erscheinung Samuels — ähnlich wie der

letzte Appell unseres Herrn an Judas — ein letzter gnädiger Versuch Gottes, Saul auf den Weg der Buße und des Sündenbekenntnisses zurückzuführen?

Auch nach dem Tod könnte von Samuel, wie von Abel, gesagt werden: «Er redet immer noch, obwohl er längst gestorben ist.»

Kapitel 9

Salomo —
der König mit dem leeren Herzen

Ich sah an alles Tun, das unter der Sonne geschieht, und siehe, es war alles eitel und Haschen nach Wind. (Prediger 1,14)

«Hier war ein König, der seines Vaters Liebe und sein Königreich erbte und dessen Grenzen durch seine Klugheit erweiterte, der den Handel durch ausgedehnte Fahrten seiner Schiffe nach Ophir und Indien zur Blüte brachte, ein Mann, der wegen seiner literarischen Betätigung und wissenschaftlichen Wißbegier bekannt war ... Der auch dichtete von den Tieren des Landes, von Vögeln, vom Gewürm und von Fischen. Der Glanz seines Hofes, die Großartigkeit seines Tisches, sein Pomp und sein Reichtum wurden sprichwörtlich; berühmte Männer und Frauen kamen von weither, um seine Weisheit zu vernehmen und seinen Rat zu suchen. Und doch ist es eine von ihm selbst ausgedrückte Tatsache, daß er ein unglücklicher Monarch, eine ruhelose Seele und ein einsamer Liebhaber ist.».[1]

S. M. Zwemer

Bezugsstellen: 2.Samuel 12,24; 1.Könige 1-12; 2.Chronik 1-9; Nehemia 12,26; Sprüche, Prediger, Hoheslied; Matthäus 1,6; 6,29; 12,42; Lukas 11,31; 12,27; Apostelgeschichte 7,47.

In den heiligen Büchern des theistischen Juden- und Christentums, wie auch in der theistischen Religion des Islams — den hebräischen Schriften, dem Neuen Testament und dem Koran — wird Salomo ein Ehrenplatz eingeräumt. Der Koran widmet seiner Weisheit und seinem Ruhm nicht weniger als sechs Kapitel. An drei Stellen im Neuen Testament nimmt unser Herr selbst Bezug auf seine Weisheit und Größe und Herrlichkeit (Matth. 6,29; 12,42; Luk. 11,31).

In vielerlei Hinsicht übertraf seine vierzigjährige Regierungszeit diejenige seiner beiden Vorgänger sowohl an Herrlichkeit wie auch an Errungenschaften. Aber seine Geschichte zeigt auch, daß der Mann, der vor allen andern die Fähigkeit, die Möglichkeiten und Mittel besaß, alle geistigen und materiellen Vergnügungen, die die Welt bieten kann, voll auszukosten, zuletzt zu dem traurigen Schluß kam: «Alles ist eitel und Haschen nach Wind.»

Salomo war Davids zehnter Sohn, der zweite Sohn von Bathseba, der früheren Frau des Hethiters Uria. Erst als David ein alter Mann war, sah er sich gezwungen, Salomo in Eile als König salben zu lassen, um einem geplanten Coup seines Sohnes Adonia zuvorzukommen. Gemäß Josephus war Salomo damals ungefähr fünfzehn Jahre alt. Da der Thron eines so jungen Königs nicht sicher war, während seine Feinde lebten, wies David ihn an, wie er sie nach seinem Tod behandeln sollte. Salomo befolgte den Rat seines Vaters, wahrscheinlich aber zu rücksichtslos.

Eine Herausforderung an den Thron

Die erste Herausforderung an ihn kam, als Adonia durch Salomos Mutter die scheinbar harmlose Bitte äußerte, Abisag, die David in seinen alten Tagen zur Frau bekommen hatte, ehelichen zu dürfen. Als Davids Frau wurde sie als erbberechtigt betrachtet und sie besaß auch gewisse Ansprüche auf den Thron.

Salomo sah in der Bitte einen schlauen Trick, durch den Adonia wieder sein Vorhaben verwirklichen wollte und der zu einer Rebellion führen könnte. Er hatte Adonias damalige Aktion vergeben, aber diesmal war er nicht bereit dazu (1. Kön. 2,13-25). So wurden Adonia sowie die anderen Rebellen und Rivalen des Thrones liquidiert, und Salomo konnte seine Kräfte für die Festigung seines Königreiches einsetzen.

Obwohl seine Regierungszeit glückverheißend begann und schließlich den höchsten Gipfel der Herrlichkeit in Israels ganzer Geschichte erreichte, tauchten schon früh unheilvolle Zeichen auf. Da war zunächst eine ganze Anzahl von politisch vorteilhaften Heiraten mit nichtjüdischen Frauen, die sich als geistliche Katastrophen erwiesen. Seine erste derartige Verbindung ging er mit der Tochter des mächtigen Königs von Ägypten ein.

Das war wohl ein diplomatischer Erfolg, bedeutete aber einen zur Tragödie führenden Kompromiß. Es gab Vorbehalte in seiner

Hingabe an Gott, die schließlich zum Götzendienst und zum Abfall führten: «Salomo aber hatte den Herrn lieb und wandelte nach den Satzungen seines Vaters David, *nur daß* er auf den Höhen opferte und räucherte» (1. Kön. 3,3). Die unheilvolle Bedeutung dieses «nur daß» tritt erst richtig hervor, wenn einem klar wird, daß diese Höhen als Kultstätten für die kanaanitischen Gottheiten galten.

Eine weise Wahl

Als Salomo die Stiftshütte in Gibeon aufsuchte, um Opfer darzubringen, erschien der Herr ihm in einem Traum. Als der Herr ihn aufforderte: «Bitte, was ich dir geben soll!» da kam das einer Erforschung der Motivation und Ambition des jungen Mannes gleich. Worum wird er bitten? Wir könnten diese Frage auch uns selbst stellen. Was begehren wir am allermeisten von Gott?

Im starken Bewußtsein seiner eigenen Unreife und Unerfahrenheit in Staatsangelegenheiten stellt Salomo demütig die Interessen seines Volkes vor die eigenen und gibt diese denkwürdige Antwort: «So wollest du deinem Knecht ein gehorsames Herz geben, damit er dein Volk richten könne und verstehen, was gut und böse ist. Denn wer vermag dies dein mächtiges Volk zu richten?» (1.Kön.3,9). Es ging ihm in erster Linie um ein echtes Verständnis für das Volk, um es weise regieren zu können.

Die Antwort des Herrn auf seine Bitte übertraf alles, was er sich erträumt hatte. Nicht nur seine Bitte wurde ihm gewährt, sondern Reichtum, Ehre, Sieg und langes Leben wurden als Zugabe hinzugefügt. Dieser alttestamentliche Vorfall illustriert das Wort des Herrn in der Bergpredigt: «Trachtet zuerst nach dem Reich Gottes und nach seiner Gerechtigkeit, so wird euch solches alles zufallen» (Matth. 6,33).

Zu beachten ist jedoch, daß es nicht die in der Bibel oft erwähnte geistliche Weisheit war, um die Salomo betete. Was er begehrte, war nicht so sehr die Erkenntnis göttlicher Dinge, sondern vielmehr Klugheit und Geschick beim Regieren seines Königreiches. Dennoch «gefiel es dem Herrn gut, daß Salomo darum bat» (3,10).

Seine kluge Lösung für das scheinbar unlösbare Problem mit

den beiden Frauen und dem toten Kind (3,16-28) bewies schon früh seine ihm von Gott geschenkte Weisheit und vermehrte sein Ansehen beträchtlich. «Die Weisheit Salomos war größer als die Weisheit von allen, die im Osten wohnen, und als die Weisheit der Ägypter ... und er war weiser als alle Menschen und berühmt unter allen Völkern ringsum» (5,10 f.).

Wunderbare Leistungen

Aus seinen Schriften kann man schließen, daß er ein umfangreiches Wissen über Botanik, Zoologie, Gartenbau, Architektur, Philosophie und Literatur besaß. Seine eigene literarische Produktivität war erstaunlich. «Er dichtete dreitausend Sprüche und tausendundfünf Lieder» (5,12). Das bedeutet nicht unbedingt, daß alle diese Sprüche direkt von ihm stammten, aber sie waren das Ergebnis seines Geistes und seiner Weisheit. Wahrscheinlich schrieb er das Hohelied in jüngeren Jahren, sammelte die Sprüche in seinen mittleren Jahren und schrieb das Buch Prediger im Alter. Jedes Buch spiegelt die Lebensanschauung seiner verschiedenen Lebensabschnitte wider.

Seine Leistungen im materiellen Bereich waren ebenso erstaunlich. Mit Hilfe seiner Handelsflotte und weitverzweigter Handelsabkommen führte er sein Volk zu großem wirtschaftlichen Wohlstand. Durch kluge Diplomatie erweiterte er die Grenzen seines Königreiches, und Israel erreichte seine größte geographische Ausdehnung unter seiner Regierung. Seine siebenhundert Frauen dienten ihm dazu, zahlreiche Allianzen zu bilden. Manche davon waren die Töchter von tributpflichtigen Fürsten, die als Geiseln für das Wohlverhalten ihrer Väter gegeben worden waren.

Obwohl seine Regierungszeit eine Friedensära war, vernachlässigte Salomo nicht die Verteidigung seines Landes. Als Oberbefehlshaber standen ihm 1400 Wagen und 12000 Reiter (2. Chron. 1,14) zur Verfügung. Er besaß 4000 Ställe für seine Pferde (2. Chron. 9,25) und trieb einen lukrativen Handel mit Pferden und Wagen, vor allem mit den Hethitern und Ägyptern.

Der Reichtum, der aus Handel, Tribut und Steuern in seine Schatzkammern floß, war astronomisch. «Das Gewicht des Goldes, das für Salomo in einem Jahr einkam, war 666 Zentner, außer dem, was von den Händlern und vom Gewinn der Kaufleute und von allen Königen Arabiens und von den Statthaltern kam ... Alle Trinkgefäße des Königs Salomo waren aus Gold; denn das Silber achtete man zu den Zeiten Salomos für nichts» (1. Kön. 10,14.15.21). Der Glanz seines Hofes und die Üppigkeit seiner Tafel waren sprichwörtlich.

Das fehlende Element

Aber bei aller Herrlichkeit und Majestät seiner Herrschaft kann das Fehlen des geistlichen Elementes nicht übersehen werden. Die tiefe Einsicht und das theologische Bewußtsein, die sein Gebet bei der Tempeleinweihung verrät, zeigen, daß er große geistliche Möglichkeiten gehabt hätte, aber seine Vergnügungssucht ließ diese Seite seines Wesens verkümmern.

Der Bau des Tempels und seines eigenen Palastes gab ihm eine große Möglichkeit, seine architektonische Begabung anzuwenden, und sein immenser Reichtum erlaubte ihm, alles zu verwirklichen, was er sich vorstellte. Daß ihm immer mehr der Sinn für die wahren Werte verlorenging, wird durch die Tatsache angedeutet, daß er dem Bau des Gotteshauses sieben Jahre und dem Bau seines eigenen Hauses dreizehn Jahre widmete. Der von ihm erbaute Tempel zeichnete sich nicht in erster Linie durch seine Größe aus, sondern durch seinen Prunk und seine ästhetische Schönheit. Obwohl der Stiftshütte nachgebildet, war er verzierter und komplexer.

Ihren Höhepunkt erreichte Salomos Karriere in seinem Gebet bei der Tempeleinweihung (8,22-53). Nicht ohne Grund ist es als eine der großartigsten andachtsmäßigen Äußerungen der vorchristlichen Literatur bezeichnet worden. In diesem Gebet, das vom Bewußtsein der göttlichen Majestät getragen wird, bittet er Gott, die Gebete seines Volkes zu erhören.

Seine Bitten sind zielbewußt: fortdauernder göttlicher Segen und ständiger Schutz Gottes (V.25-30); Gericht über die Bösen und Rechtfertigung des Unschuldigen (V.31 f.); Befreiung, wenn die Sünde bekannt und bereut worden ist (V.33); Hilfe für den gottesfürchtigen Fremdling (V.41-43); Sieg im Kampf (V.44 f.); Vergebung für die Sünde des Volkes (V.46-53).

Das Herabfallen des Feuers vom Himmel bezeichnete die Erhörung des königlichen Gebetes. «Als Salomo sein Gebet vollendet hatte, fiel Feuer vom Himmel und verzehrte das Brandopfer ... und die Herrlichkeit des Herrn erfüllte das Haus» (2. Chron. 7,1). So überwältigend war die Kundgebung der göttlichen Herrlichkeit, daß die Priester den Tempel nicht betreten konnten, um ihren Pflichten nachzukommen. Die Reaktion des Volkes war spontan.

Aber der gute Vorsatz und das emotionale Echo, die durch die Erscheinung der Herrlichkeitswolke bewirkt wurden, erwiesen sich als flüchtig.

Der Bericht über den Besuch der Königin von Saba beim Hof Salomos hat Berühmtheit erlangt. Allgemein wird angenommen, daß sie die Herrscherin der Sabäer war, die in Arabia Felix, heute als Yemen bekannt, lebten. In Anlehnung an eine königliche Sitte wollte die Königin selber feststellen, ob die erstaunlichen Berichte über die Weisheit des Königs zutrafen. Nachdem sie ihn auf die Probe gestellt und die Großartigkeit seines Palastes mit seinem elfenbeinernen Thron sowie den Luxus seiner Speisen und die Kleidung seiner Diener gesehen hatte, war sie sprachlos.

«Es ist wahr, was ich in meinem Lande von deinen Taten und von deiner Weisheit gehört habe», sagte sie überwältigt. «Und ich hab's nicht glauben wollen, bis ich gekommen bin und es mit eigenen Augen gesehen habe. Und siehe, nicht die Hälfte hat man mir gesagt» (1. Kön. 10,4-6).

Die Kehrseite der Medaille

Doch nun zur Kehrseite der Medaille. Die Tragödie seiner meteorhaften Karriere bestand in einem ständigen Abgleiten seines Lebens in Enttäuschung und Glaubensabfall, und das trotz seiner noblen Abstammung, seines unglaublichen Reichtums und seiner äußerlich so erfolgreichen Herrschaft.

In seiner ziemlich strengen Beurteilung von Salomos Charakter und seinen Leistungen meint Dr. Graham Scroggie, daß nur vier Dinge zu seinen Gunsten sprechen: Seine Bitte um Weisheit, sein Einweihungsgebet, sein Segen nach der Einweihung und der 72. Psalm. Dem gegenüber standen seine hemmungslose Polygamie, die Vermehrung seiner Pferde und Streitwagen, die Sklavenarbeit, seine Duldung von Götzendienst, seine ungeheure Ansammlung von Reichtümern, sein luxuriöser Despotismus und sein offenkundiger Unglaube.[2] Ob wir diese Kritik völlig teilen oder nicht, sie enthält immer noch genügend Substanz, um die Leere eines Lebens zu enthüllen, in dem Gott immer weniger Platz hatte.

Während Salomos Herrschaft kam zuerst der Hof und dann die Priesterschaft. Propheten standen keine auf. Anders als seine Vorgänger Saul und David empfing er keine prophetische Inspiration. Die Tatsache, daß «das Wort des Herrn» nur einmal zu ihm kam, offenbarte die Armut seiner Regierung trotz ihrer materiellen Pracht. Mit zunehmendem Alter erwies er sich als immer weniger aufgeschlossen für das Göttliche.

Zu seinem ständigen Niedergang trugen verschiedene Faktoren bei. Er gehorchte nicht den weisen mosaischen Vorschriften in bezug auf Israels König. Diese waren völlig klar. «Nur daß er nicht viele Rosse halte ... er soll auch nicht viele Frauen nehmen ... und auch nicht viel Silber und Gold sammeln» (5. Mose 17,16 f.). Das alles tat er in krasser Weise.

Anstatt von Jahwe den Schutz vor seinen Feinden zu erwarten, setzte er sein Vertrauen auf Wagen und Rosse. Seine eklatante Polygamie führte ihn unweigerlich in einen eklatanten Götzendienst hinein und zog sein Herz vom Gott Israels ab. Vom guten König Hiskia steht geschrieben: «Er hing dem Herrn an» (2. Kön. 18,6). Von Salomo heißt es: «Der König Salomo liebte viele ausländische Frauen ... an diesen hing Salomo mit Liebe» (1. Kön. 11,1 f.). Er opferte das Wohlgefallen Gottes dem sinnlichen Vergnügen. Sein Religionssynkretismus wurde zu einer starken Ursache für die Schwäche der Nation.

Sein gewaltiger Reichtum kam nur auf Kosten der schweren Besteuerung seiner Untertanen zustande. Die Errichtung von Prestige-Bauten konnte nur auf Kosten von Sklavenarbeit größeren Ausmaßes geschehen. Die Menschen bewunderten seinen Verstand und sonnten sich im Glanz seiner prachtvollen Herrschaft, zerbrachen aber andererseits beinahe unter den Bürden, die er ihnen auferlegte. Er gewann nie ihre Zuneigung, wie es bei seinem Vater David der Fall gewesen war.

Die Organisierung seines Königreiches auf einer regionalen Basis erwies sich als großer Erfolg, aber der einzelne war in der großen und seelenlosen Maschinerie verloren. In unserer heutigen Zeit mit ihrer Automation und Vorliebe für Größe und Statistiken in der Gemeindearbeit stehen auch wir in Gefahr, den Blick für den einzelnen zu verlieren.

Anstatt seine Herrschaft auf die Treue zu Gott zu gründen, wie sein Vater es getan hatte, bediente er sich des politischen Tricks von Heiratsallianzen mit fremden Mächten. Anstatt dadurch sein Königreich zu festigen, wie er gehofft hatte, bereitete er damit dessen Zerfall vor. «Der Herr aber wurde zornig über Salomo, daß er sein Herz von dem Herrn, dem Gott Israels, abgewandt hatte, der ihm zweimal erschienen war ... Und der Herr erweckte Salomo einen Widersacher ... Auch erweckte Gott dem Salomo noch einen Widersacher ... Auch Jerobeam hob die Hand auf gegen den König» (11,9.14.23.26). Die Friedensära war zu Ende.

Was übrigblieb

Die Qualität dessen, was ein Mensch geleistet hat, läßt sich daran erkennen, was damit nach seinem Ableben geschieht. Salomo hinterließ wenig Dauerhaftes. Das Königreich wurde gespalten. Sogar sein großartiger Tempel fiel der Zerstörung anheim. «Also fiel Israel ab vom Hause David bis auf diesen Tag», lautete das traurige Epitaph (12,19).

Zeigte Salomo Reue, bevor er starb? Dafür gibt es keinen direkten Beweis, aber manche sehen in dem von ihm verfaßten Buch Prediger nicht nur das autobiographische Eingeständnis, daß er durch das Trachten nach den Dingen «unter der Sonne» in seinem Leben versagt hatte, sondern auch eine verspätete und widerstrebende Reue. Es ist zweifellos das traurigste Buch im Alten Testament, welches das leere und einsame Herz des betagten Königs offenbart.

War dieses Buch ein letzter Versuch, sein eigenes Versagen dadurch wiedergutzumachen, daß er durch die Beschreibung seiner eigenen Ernüchterung andere warnen wollte? Hoffen wir, daß es so war.

Zur Stützung dieser versöhnlichen Auffassung schrieb Dr. S. M. Zwemer: «Wenn wir beim Lesen der Bibel aus der Kammer

Davids in die Palasthalle Salomos treten, so müssen wir diese beiden Männer aufgrund ihrer besten Seite — und nicht ihrer schlechtesten — beurteilen. Schließlich hatte Salomo zuletzt gelernt, was er schrieb: 'Verlaß dich auf den Herrn von ganzem Herzen, und verlaß dich nicht auf deinen Verstand ... Der Gerechten Pfad glänzt wie das Licht am Morgen, das immer heller leuchtet bis zum vollen Tag'» (Spr. 3,5; 4,18).

Kapitel 10

Jona — der durch Erfolg entmutigte Prediger

Dich jammert die Staude ... und mich sollte nicht jammern Ninive? (Jona 4,10 f.)

«Ungläubige mögen über einen in diesem Buch beschriebenen Vorfall lachen, soviel sie wollen, aber das Buch selber spricht ihnen ihr Urteil. Hier ist dieses Buch mit der Größe seiner moralischen Aussage Bestandteil der jüdischen Heiligen Schrift, zitiert vom Propheten Joel, erwähnt von Josephus und den Apokryphen und feierlich beglaubigt durch unsern Herrn und Heiland. Und während es auch nicht schwer ist, die Geschichte von Jona und dem Wal auf die leichte Schulter zu nehmen, so ist es doch unmöglich, eine vernünftige Erklärung dafür zu finden, wie dieses Buch hätte geschrieben werden können, wenn die darin geschilderten Ereignisse nie geschehen wären.»[1]

F. S. Webster

Bezugsstellen: 2. Könige 14,25; das Buch Jona; Matthäus 12,39-41; 16,4; Lukas 11,29-32.

«Kein anderes Buch der Bibel ist so sehr verlästert, so anhaltend unterschätzt, so allgemein abgelehnt und so wenig gelesen worden wie das Buch Jona.»[2] So schrieb Dr. R. J. G. McKnight. Wie bei der Geschichte von Noah und der Arche besteht auch hier der Einwand gegen seine Geschichtlichkeit darin, daß es als im Widerspruch zur Wissenschaft und zu den Naturgesetzen stehend betrachtet wird. Anders ausgedrückt: Es ist das übernatürliche Element, das unannehmbar sei.

Aber wenn wir an Gott glauben, und wenn wir gläubige Christen sind, so akzeptieren wir, daß Wunder nicht nur möglich, sondern auch glaubhaft sind. Wenn wir das Christentum seines Wunder-Elementes entledigen wollen, so zerstören wir es. Hat sich Jesus nicht auf seine Wunder als Beweis für seine Göttlichkeit bezogen? Und seine Auferstehung war das größte aller Wunder. Obwohl Jonas Geschichte ein Wunder enthält, stellt dieses jedoch längst nicht ihren wichtigsten Zug dar.

Solche, denen es schwerfällt, die Geschichtlichkeit des Buches zu akzeptieren, verstehen es auf verschiedene Weise. Manche sehen seinen Zweck in einem Gleichnis oder einer Allegorie. Andere behandeln es als Poesie, Mythos oder Legende. Doch es gibt auch solche, die es als eine komische Geschichte betrachten, die dazu geschrieben wurde, um sich über die Frömmelei und Ausschließlichkeit des jüdischen Volkes lustig zu machen. Der Prophet selber ist zu einem Synonym für jemand geworden, der Unglück bringt. Aber keine dieser Ansichten wird dem Buch noch seinem Verfasser gerecht.

Beweis für die Geschichtlichkeit

Es gibt eine starke Beweiskette zur Stützung der Auffassung, daß Jona eine ebenso geschichtliche Persönlichkeit war wie seine beiden Zeitgenossen Hosea und Amos oder auch Joel, der aus diesem Buche zitiert. Jona hatte sich bereits während der Regierungszeit von Jerobeam II. (s. 2. Kön. 14,23-27) als Prophet bewährt. Sein Vater Amittai wird sowohl hier wie auch in Jona 1,1 genannt, und als sein Heimatort wird Gath-Hepher, das heutige Mesched (nahe bei Nazareth) erwähnt. Ninive, die Stadt, zu welcher er gesandt wurde, war eine der ältesten Hauptstädte der Welt. Mit welchem Maßstab man die Geschichte Jonas auch mißt — stets erweckt sie den Eindruck echter Geschichtlichkeit.

Für denjenigen, der die Autorität Christi und der Heiligen Schrift akzeptiert, ist das Urteil Jesu entscheidend. Wenn Worte eine Bedeutung haben, so hat Jesus sowohl die Geschichtlichkeit des Mannes wie seines Buches bestätigt. Das Zeugnis Jesu ist präzis und bestimmt: «Dies böse und abtrünnige Geschlecht fordert ein Zeichen, aber es wird ihm kein anderes Zeichen gegeben werden als das Zeichen des Propheten Jona. Denn wie Jona drei Tage und drei Nächte im Bauch des Fisches war, so wird des Menschen Sohn drei Tage und drei Nächte im Schoß der Erde sein. Die Leute von Ninive werden beim Jüngsten Gericht gegen dies Geschlecht auftreten und werden es verdammen; denn sie taten Buße nach der

Predigt des Jona. Und siehe, hier ist mehr als Jona. Die Königin vom Süden wird beim Jüngsten Gericht gegen dies Geschlecht auftreten und wird es verdammen; denn sie kam vom Ende der Erde, um Salomos Weisheit zu hören» (Matth. 12,39-42).

Jesus nennt hier Jona einen echten Propheten im gleichen Atemzug mit den geschichtlich bekannten Monarchen Salomo und der Königin von Saba. Die Leute von Ninive waren tatsächliche Menschen, die einst im Gericht auftreten werden. Jona predigte in Ninive, und Jesus bestätigte den erfolgreichen Ausgang seines Dienstes. Er beglaubigte die Geschichte mit dem Seeungeheuer.

Wäre es im Lichte solcher kristallklaren Aussagen denkbar, daß Jesus auf eine Geschichte, die ihm als Legende bekannt war, als auf eine historische Tatsache Bezug nehmen würde? Hätte er das tatsächlich getan, so wäre er alles andere als ehrlich gewesen.

Es sollte jedoch auch beachtet werden, daß diese Begebenheit neben ihrer geschichtlichen Echtheit gleichzeitig auch eine wichtige Auseinandersetzung mit einem der größten Probleme unserer heutigen Zeit ist — dem Rassismus. Wir müssen erkennen, daß sich die zentrale Botschaft und der Hauptzweck des Buches nicht in einer nutzlosen Kontroverse verliert.

Ein offenes Geständnis

Dieses kleine Stück Autobiographie wetteifert in der Offenheit seiner Selbstenthüllung mit Augustins «Bekenntnissen». Jona schont weder sich selbst noch schwächt er etwas ab. Er entblößt seine Schuld, seine Engstirnigkeit, seine Feigheit und seinen Mangel an Liebe für Angehörige einer anderen Rasse als der seinigen.

Anhand dieser Bekenntnisse können wir uns ein ziemlich genaues Bild von ihm machen. Er stammte gewissermaßen aus einem Pfarrhaus, denn auch sein Vater war Prophet. Wahrscheinlich war er der erste schreibende Prophet. Er schien ein launisches und lebhaftes Temperament gehabt zu haben, und seine Handlungen wurden mehr von Laune und Impuls als von ruhigem Urteil beherrscht. Aber er teilte die engstirnigste Intoleranz und Ausschließlichkeit, die es in dem Volke, dem er angehörte, gab. Er liebte sein Volk leidenschaftlich und haßte dessen Feinde ebenso leidenschaftlich. Lag nicht gerade dieser überzogene, glühende Patriotismus seinem Versagen in großem Maß zugrunde?

Jona beginnt sein Buch mit der unverhüllten Feststellung des unwillkommenen Rufes Gottes an ihn: «Mache dich auf und geh in die große Stadt Ninive und predige wider sie; denn ihre Bosheit ist vor mich gekommen» (Jona 1,1). Jonas Gefühle bleiben uns unverständlich, es sei denn, wir erinnern uns daran, daß die Assyrer die grausamste Rasse auf Erden waren. Sie schwelgten in Gewalttätigkeit und Brutalität.

Ninive, die alte assyrische Hauptstadt, lag in einem unregelmäßigen Viereck mit je einer Stadt in jeder Ecke. Die Entfernung zwischen den vier zentralen Punkten betrug ungefähr fünfundneunzig Kilometer und die Bevölkerung der Stadt eine Million Einwohner. Das Widerstreben des Propheten, als Künder des göttlichen Gerichts in eine solche Stadt wie diese zu gehen, wird verständlich. Der Leser versetze sich an Jonas Stelle und stelle sich den Gefühlsaufruhr vor, in den die Situation diesen Mann stürzte. Er wird mehr Verständnis für den widerstrebenden Propheten haben, wenn er liest: «Aber Jona machte sich auf und wollte ... fliehen.»

Man ahnt etwas von dem inneren Kampf. Unvorstellbar, daß ein einziger Mann irgendeinen spürbaren Einfluß auf die bedeutendste Stadt auf Erden ausüben sollte! Und wer würde ihm schon zuhören? Gott gehorchen würde bedeuten, seinen Kopf direkt in den Rachen des Löwen zu stecken.

Seltsame Motivation

Es waren verschiedene Dinge, die sich stärker als seine Treue zu Gott erwiesen und ihn zum Ungehorsam veranlaßten: die Furcht vor den Assyrern; der tief in ihm verwurzelte Eifer, der Gott für sein eigenes Volk monopolisieren wollte; der Feindeshaß; die Zwecklosigkeit der Aufgabe. Alle diese Motive waren zweifellos vorhanden, aber es gab eines, das schwerer wog als sie alle zusammen. Überraschenderweise war dieses Motiv die Liebe, das Erbarmen und die Geduld Gottes.

Warum sollten diese wunderbaren Eigenschaften des göttlichen Wesens ihn veranlassen, Gott ungehorsam zu sein? Weil Jona ihn kannte! Hinter seiner Widerspenstigkeit stand die Gewißheit, daß Gott einlenken und sich über sie erbarmen würde, wenn sein Auftrag erfolgreich verlief und Ninive Buße tat. Jona haßte sie und hätte sie lieber im Gericht umkommen sehen, als daß Gott ihnen vergab. Dies alles kommt in seiner verdrießlichen Bitte an Gott zum Ausdruck, ihn sterben zu lassen. «Ach, Herr, das ist's ja, was ich dachte, als ich noch in meinem Lande war, weshalb ich auch eilends nach Tarsis fliehen wollte: denn ich wußte, daß du gnädig, barmherzig, langmütig und von großer Güte bist und läßt dich des Übels gereuen» (3,2).

Jona geriet in einen solch heftigen Gewissenskonflikt, daß er die Flucht ergriff und nach Joppe reiste, wo gerade ein Schiff zum Auslaufen nach Tarsis, dem spanischen Tartessus, bereitlag. In jenen Tagen war ein Schiff mit dem Bestimmungshafen Tarsis gleichbedeutend mit einem Luxus-Schiff. So bezahlte Jona eine Schiffskarte erster Klasse, um «vor dem Herrn zu fliehen». Wenn wir uns unserer Pflicht entziehen wollen, so werden wir gewöhnlich feststellen, daß gerade ein Schiff zum Auslaufen bereit ist, aber der Preis wird hoch sein!

Der Prophet wollte so weit wie möglich weg von seiner unangenehmen Aufgabe. Ninive lag achthundert Kilometer östlich und Tarsis dreitausendzweihundert Kilometer westlich. Wie könnte er nach Hause zurückkehren, nachdem er Gott gehorcht, Ninive gewarnt und Gott ihnen dann vergeben hätte! Sein untadeliger Ruf als Prophet wäre dahin! Lieber fliehen als in Schande kommen!

Jona muß wohl den Psalm vergessen haben, den er schon als Knabe auswendig gelernt hatte: «Wohin soll ich gehen vor deinem Geist, und wohin soll ich fliehen vor deinem Angesicht? Führe ich gen Himmel, so bist du da; bettete ich mich bei den Toten, siehe so bist du auch da» (Ps. 139,7f).

Der Jagdhund des Himmels

Plötzlich brach der vom Herrn geschickte furchtbare Sturm los. Dann folgten in rascher Reihenfolge die Gefahr eines drohend bevorstehenden Schiffbruchs, das Überbordwerfen der Schiffsladung, das Anrufen Gottes — alles mit den eigenen, lebhaften Worten des Verfassers geschildert. Als das Los geworfen wurde, um den für dieses Unglück Verantwortlichen herauszufinden, fiel es natürlich auf Jona. Während der ganzen Krise traten latente edle Charakterelemente bei Jona zutage. Keine Spur von Feigheit war zu entdecken. Er zeigte eine würdige Ruhe. Er gestand ein, daß «der Jagdhund des Himmels», um Francis Thompsons anschaulichen Ausdruck zu gebrauchen, ihn eingeholt hatte. Nur zu gut kannte er den Grund für das Unwetter und erblickte darin die züchtigende Hand Gottes, so wie manche von uns es unter ähnlichen Umständen erlebt haben.

Er legte treu und furchtlos sein Zeugnis vor der heidnischen Schiffsmannschaft ab und bekannte seinen Glauben an den Herrn, der das Meer und das Trockene gemacht hat. «Nehmt mich und werft mich ins Meer, so wird das Meer still werden und von euch ablassen. Denn ich weiß, daß um meinetwillen dies große Ungewitter über euch gekommen ist» (1,12). Widerwillig gehorchten sie, «da wurde das Meer still und ließ ab von seinem Wüten ... Aber der Herr ließ einen großen Fisch kommen, Jona zu verschlingen. Und Jona war im Leibe des Fisches drei Tage und drei Nächte» (1,15; 2,1).

Oberflächliche Mißverständnisse

Gerade an diesem Punkt begegnet man der Geschichte oft mit Spott und Unglaube; doch es gibt gute Gründe, um sie als tatsächliche Begebenheit anzusehen. Erschwerend ist das Hinzukommen von oberflächlichen Mißverständnissen. In Wirklichkeit ist Jonas Erlebnis mit dem Seeungeheuer nur ein nebensächlicher, keineswegs aber zentraler Zug der Geschichte. Aber er wird gewöhnlich so aufgebauscht, daß dadurch die Hauptlektion und der eigentliche Zweck des Buches verdeckt wird. Beachten wir folgendes:

1. Wenn eingewendet wird, ein Walfisch könne keinen Menschen verschlucken, oder dieser würde das gar nicht überleben, geschähe es doch, so lautet die Antwort einfach, daß weder Jona noch der Herr Jesus von einem Walfisch gesprochen haben. Das hebräische Wort, das dafür verwendet wird, heißt *dag* und kommt vierzehnmal im Alten Testament vor. Es bedeutet immer «einen großen Fisch, ein Ungeheuer der Tiefe». Das hebräische Wort für Wal ist

tannin. Das griechische Wort, das Jesus gebrauchte, heißt *ketos* und bedeutet «Seeungeheuer». Der Wal ist nicht ein Fisch, sondern ein warmblütiges Säugetier, das seine Jungen säugt. Die Bibel behauptet also nicht, daß es ein Wal gewesen ist, der Jona verschluckte.

2. Man hat in der Südsee einen Haifisch gefunden, in dessen Inneren sich der unversehrte Leib eines Pferdes befand. Das Verschlucktwerden eines Menschen durch eine solche Kreatur würde noch kein Wunder bedeuten.[3]

3. War es dennoch ein Wunder, sollten Gott dann mehr Grenzen gesetzt sein als seinen Geschöpfen? Gott ist nicht ein Sklave, sondern der Herr der Natur. Wenn wir die Naturgesetze durch ein höheres Gesetz außer Kraft setzen oder verändern können, sollten wir dann Gott nicht die gleiche Fähigkeit zugestehen? Nach dem Naturgesetz geht Eisen unter, doch wir können ein höheres Gesetz zur Geltung bringen und ein 20 000 Tonnen Schiff aus Eisen zum Schwimmen bringen oder einen Jumbo-Jet fliegen lassen. Der Erschaffer der Naturgesetze ist nicht der Gefangene seiner eigenen Schöpfung.

4. Wenn eingewendet wird, daß kein Mensch drei Tage lang im Inneren des Fisches am Leben bleiben kann, so fragen wir, wo denn davon die Rede ist, daß Jona dort am Leben blieb? Das Zeugnis unseres Herrn scheint im Gegenteil darauf hinzuweisen, daß er nicht am Leben blieb, sondern eine Auferstehung erlebte. Wenn dem so ist, dann braucht man gar nicht zu beweisen, daß Jona am Leben geblieben sein *konnte*.

Beachten wir den genauen Wortlaut der Aussage Jesu: «*Denn wie* Jona drei Tage und drei Nächte im Bauch des Fisches war, *so* wird der Menschensohn drei Tage und drei Nächte im Schoß der Erde sein» (Matth. 12,40 Hervorhebung vom Verfasser). Das «wie» bedeutet genaue Gleichheit. Mit diesen Worten beschreibt er Jona als einen Typus, dessen Anti-Typus er war.

Starb Jona?

Dr. Henry W. Frost ist davon überzeugt, daß Jona starb, während er sich im Bauch des Fisches befand. Am Kreuz starb der Leib

Christi und wurde später ins Grab gelegt. Aber sein Geist blieb nicht in seinem Leib, sondern ging in das Totenreich, die Stätte der Gerechten (Apg. 2,25-27). Durch das Auferstehungswunder kehrte er in den toten Leib zurück, und Jesus fuhr in diesem Auferstehungsleib in den Himmel. So lag sein Leib drei Tage lang tot im Grabe, und sein Geist war im Totenreich lebendig.[4]

Und wie war es mit Jona? Machte er eine parallele Erfahrung? Wenn der Typus dem Anti-Typus entspricht — und Jesus brachte das zum Ausdruck —, dann muß Jonas Leib tot gewesen sein, während sein Geist lebendig und bei Bewußtsein blieb, denn er schrie zum Herrn und wurde erhört (2,2). Auch in bezug auf das Totenreich ist die Parallele zwischen ihm und Christus erkennbar, sagte Jona doch: «Ich schrie aus dem Rachen des Todes, und du hörtest meine Stimme.» Das ist gewiß ein Beweis dafür, daß Jonas Leib gestorben war, denn nicht Leiber, sondern Geister gehen ins Totenreich.

So war während den drei Tage und Nächte sein Leib tot im Fisch und sein Geist lebendig im Totenreich. Am Ende der drei Tage kehrte sein Geist — wie bei Jesus — in den toten Leib zurück, und der Fisch setzte den wiederauferstandenen Jona auf dem trockenen Land ab (2,10). Wenn das die richtige Interpretation ist, und das scheint der Fall zu sein, dann stellt Jonas Erfahrung nicht nur einen Typus der Auferstehung Christi dar, sondern dann hatte er selber eine Auferstehungserfahrung.

Eine einzigartige nationale Erweckung

Die göttliche Züchtigung erreichte ihren Zweck beim ungehorsamen Propheten, denn als «das Wort des Herrn zum zweitenmal zu Jona» kam (3,1), gab es kein Zögern mehr, sondern nur gehorsamen Eifer. «Da machte sich Jona auf und ging hin.» Gott sei Dank für die zweite Chance, aber wir müssen immer daran denken, daß die Botschaft genau die gleiche ist wie das erste Mal!

Stellen wir uns einmal den einsamen Propheten vor, wie er durch die langen Straßen der großen Stadt zieht und seine Unheilsbotschaft hinausruft: «Es sind noch vierzig Tage, so wird Ninive untergehen.» Die Kraft des Geistes ruhte auf dem nunmehr gehorsamen Diener Gottes, und das Ergebnis war die vollständigste nationale Buße, die die Bibel kennt. Nicht nur die Menschen, sondern auch das Vieh stand unter dem Zeichen der Buße. Vom Größten bis zum Kleinsten waren alle eingeschlossen (3,5).

Der König von Ninive erließ einen bemerkenswerten Befehl: «Sie sollen sich in den Sack hüllen, Menschen und Vieh, und zu Gott rufen mit Macht. Und ein jeder bekehre sich von seinem bösen Wege und vom Frevel seiner Hände! Wer weiß? Vielleicht läßt Gott es sich gereuen und wendet sich ab von seinem grimmigen Zorn, daß wir nicht verderben.» Und genau das tat Gott!

Doch das gefiel Jona überhaupt nicht. «Das aber verdroß Jona sehr, und er ward zornig» (4,1), so zornig, daß er Gott darum bat, ihn sterben zu lassen. Anstatt sich über den Erfolg seiner Mission und über das Offenbarwerden der Gnade Gottes zu freuen, ging er davon und schmollte. Anstatt ihm Mut zu machen, ließ ihn sein Erfolg in die Tiefen der Verzweiflung hinabsinken.

Es gab einen *physiologischen* Grund für diese Reaktion. Er war nach der Durchführung seiner Aufgabe emotionell und physisch erschöpft, und offenbar litt er an einem Sonnenstich, denn es heißt: «Die Sonne stach Jona auf den Kopf, daß er matt wurde» (4,8).

Es gab auch einen *selbstsüchtigen* Grund — er verfiel in Selbstmitleid, wie viele seiner Nachfolger! Er ärgerte sich über die Gnade und Güte Gottes, die seinen Ruf als Prophet, dessen Wort wahr geworden war, zerstört hatte. Er weissagte Gericht, und Gott übte Barmherzigkeit. Lieber sterben als das!

Und dann gab es auch einen *geistlichen* Grund. Er nahm Anstoß an Gott. Gott hatte seinen Sinn geändert und ihn im Stich gelassen. Wie könnte er sich je wieder seiner Botschaft sicher sein? Er war ein Versager, der ebensogut allem ein Ende bereiten könnte.

Ist der Leser auch schon einmal von dem Gefühl versucht worden, daß der Herr ihn im Stich gelassen hat und daß er sich nie wieder seiner Führung sicher sein kann? Das ist die Reaktion geistlicher Unreife. Für den gläubigen Christen ist es unumstößlich, daß Gott *nie* seine Kinder im Stich läßt. Der gereifte Hiob verstand Gottes Wege nicht, aber er kannte Gott gut genug, um zu sagen: «Obwohl er mich schlug, will ich ihm dennoch vertrauen» (King James-Ausgabe). Laßt uns hingehen und es ihm gleichtun.

Gereut Gott etwas?

Das wirft die Frage auf, ob Gott sich etwas gereuen läßt. Ändert er seinen Sinn? In Kapitel 3,10 heißt es: Da «reute ihn das Übel, das er ihnen angekündigt hatte». Vielleicht ist hier die Übersetzung von Menge vorzuziehen: «Da tat ihm das Unheil leid, das er ihnen angedroht hatte.»

Manche verstehen diesen Vers so, daß Gott unbeständig und veränderlich sei. Man sollte jedoch nicht vergessen, daß Gottes Drohungen bedingt sind: «Bald rede ich über ein Volk und Königreich, daß ich es ausreißen und zerstören will; *wenn es sich aber bekehrt von seiner Bosheit, so reut mich auch das Unheil*, das ich ihm gedacht zu tun» (Jer. 18,7 f., Hervorhebung vom Verfasser).

Genau das geschah im Falle von Ninive. Es war eine verderbte, gewalttätige und lästernde Nation, welcher Gott die Vernichtung angedroht hatte. Aber es war eine sich tief demütigende, Buße tuende Nation, der er vergab. Es trifft zu, daß «Gott nicht ein Mensch ist, daß er lüge, noch ein Menschenkind, daß ihn etwas gereue» (4.Mose 23,19), aber er behält sich das Recht vor, dem Reuigen Gnade zu erzeigen. Während er in seinem Wesen unveränderlich ist, verändert er seine Haltung gegenüber den Menschen, wenn sie ihre Haltung zu ihm verändern.

Jonas Reaktion auf Gottes Barmherzigkeit gegenüber dem Volk, das er haßte, offenbart schlagartig das Herz des Menschen allgemein sowie die Liebe und Langmut Gottes. Er legte seinen Auftrag als Prophet nieder und machte sich außerhalb der Stadt eine Hütte, wo er sitzen und beobachten konnte, was mit dem Volk geschah. Er hegte sogar in seinem intoleranten Herzen die stille Hoffnung, daß doch noch irgendein Unheil der Stadt widerfahren würde. Ihm war das Schicksal dieser Million Menschen vor seinen Augen gleichgültig, während er schmollte und seinen Groll gegen Gott nährte.

Eine unvollendete Symphonie

Wie konnte dieses Rassenvorurteil und die geistliche Gleichgültigkeit beim Propheten überwunden werden? Gott bediente sich einer dem Fall entsprechenden Methode. Der Herr ließ eine schnellwachsende Staude sprießen — gewöhnlich denkt man an eine Rhizinuspflanze — um Jona vor der sengenden Sonnenhitze zu schützen, «und Jona freute sich sehr über die Staude» (4,6).

Aber er mußte die Lektion, um die es im Buch geht, wirklich gut lernen. So ließ Gott einen Wurm kommen, der die Staude stach, so daß sie ebenso schnell verdorrte, wie sie gewachsen war. Der furchtbare staubgeschwängerte Ostwind mit seiner Hitze vervollständigte die tragische Situation. Jona war vollständig verzweifelt und «wünschte sich den Tod». Der Tod schien ihm willkommener als das Leben ohne die schützende Pflanze.

Dann geschah die stille, sanfte Stimme mit ihrer freundlichen, aber unwiderlegbaren Logik: «Dich jammert die Staude, um die du dich nicht gemüht hast, hast sie auch nicht aufgezogen, die in einer Nacht ward und in einer Nacht verdarb, und *mich sollte nicht jammern Ninive*, eine so große Stadt, in der mehr als hundertzwanzigtausend Menschen sind, die nicht wissen, was rechts oder links ist?» (4,11 Hervorhebung vom Verfasser). Ist eine Menschenseele nicht mehr wert als eine Pflanze?

Das Buch endet so plötzlich, daß man es eine unvollendete Symphonie genannt hat. Unvollendet vielleicht, was Jonas Reaktion auf den sanften Tadel betrifft, aber das Schweigen der Heiligen Schrift ist oft ungewöhnlich beredt. Bedeutet die Tatsache, daß er die Geschichte so ehrlich aufschrieb, daß er die Lektion gelernt hat? Wir müssen es hoffen.

Aber die Symphonie ist keineswegs unvollendet, was die wunderbare Offenbarung des Herzens Gottes betrifft — gnädig, mitleidig, langsam zum Zorn, in Güte überfließend. Der abrupte Schluß macht die Lektion noch nachdrücklicher.

Obwohl die Juden Jonas Weissagung als Bestandteil ihrer Heiligen Schrift erhalten haben, versäumten sie, die Lektion des Buches zu lernen. Sogar nach der pfingstlichen Geistesausgießung und der anschließenden Verfolgung und Zerstreuung «predigten sie niemand als den Juden». Erst als einige kühne Geister die Barrieren durchbrachen, geschah es, daß etliche auch den Griechen predigten.

Haben wir die Lektion gelernt? Ist uns kein mangelndes Interesse an den anderen Rassen in der Welt anzulasten? Haben wir uns Hütten aus materiellen Dingen gebaut, in denen wir sitzen und zusehen, wie die Welt «zum Teufel geht»? Werden wir verdrießlich, wenn Gott einen Wurm schickt, um unsere Gartenstaude verdorren zu lassen?

Kapitel 11

Usia — der Mann, der zu stark war

Ihm wurde wunderbar geholfen, bis er sehr mächtig war. Und als er mächtig geworden war, überhob sich sein Herz zu seinem Verderben. (2. Chron. 26,15 f.)

«Usias Sünde war der geistliche Stolz, der ihn zu ungutem Tun verleitete. Usia wurde dem Herrn, seinem Gott, untreu. Seine geistliche Überheblichkeit beraubte ihn des Bewußtseins seiner eigenen Sündhaftigkeit, seines Bedürfnisses nach einem Mittler oder einem Sühneopfer. Er schob die von Gott eingesetzten Priester zur Seite, wagte es, den Ort, dessen Betreten ihm von Gott verwehrt war, dennoch zu betreten, und nahm Weihrauch mit, obwohl das, was er nötig gehabt hätte, ein Blutopfer um seinetwillen war.»

Autor unbekannt.

Bezugsstellen: 2. Könige 15,13.30-34; 1. Chronik 6,24; 27,25; 2. Chronik 26; Jesaja 1,1; 6,11; Hosea 1,1; Amos 1,1; Sacharja 14,5.

Wir sind alle vertraut mit jenen Tagen, wenn die Sonne in ihrer roten Pracht aufgeht und Wärme und Schönheit verspricht. Gegen Mittag ziehen aus dem Nichts Wolken auf und verdunkeln die Sonne. Die Temperatur fällt. Blitze zucken und der Donner grollt. Der Himmel öffnet seine Schleusen, und der Tag, der so verheißungsvoll begann, endet kalt und dunkel und traurig. So war auch das Leben, mit dem wir uns jetzt befassen.

Usia, auch als Asarja bekannt (1. Chron. 3,12), war der elfte König in Juda. Er hatte einen guten Vater gehabt, der tat, «was dem Herrn wohlgefiel». Aber dieses Lob enthält einen kennzeichnenden Nachsatz — «doch nicht von ganzem Herzen» (2. Chron. 25,2). Seine geteilte Treue kam ihm in die Quere.

Seine Mutter Jecholja war eine gottesfürchtige Frau, die ihn in der Furcht des Gottes seines Vaters erzog. Er begann seine Regierungszeit im Alter von sechzehn Jahren unter günstigsten Voraussetzungen. Es zeigte sich bald, daß er natürliche Gaben besaß, die ihm in seinem hohen Amt zugute kamen, und Gott segnete und vermehrte sie, solange er in der Abhängigkeit von Gott verharrte. In seinen jungen Jahren bewies er echte Demut, er war brillant, eifrig und unternehmungsfreudig.

Was jedoch seine zweiundfünfzig Jahre dauernde Herrschaft mit einem so glücklichen Vorzeichen versah, waren nicht seine Gaben und sein überragendes Können, sondern die Tatsache, daß er tat, «was dem Herrn wohlgefiel». Er stützte sich stark auf Sacharja, seinen Ratgeber, der den jungen und unerfahrenen König ermutigte, zum Regieren seines Königreiches Weisheit und Führung von Gott zu erbitten. (Dieser Prophet ist nicht der Verfasser des gleichnamigen prophetischen Buches.) Ohne Zweifel war er es gewesen, der den überragenden Einfluß auf das Leben des Königs in diesem Stadium ausübte. Viele haben guten Grund, Gott für den weisen Rat und die Ermunterung gereifter, gläubiger Christen während der Entwicklungsjahre ihres Glaubenslebens zu danken.

Wie bei seinem Vater, so wird auch seine Stellung zu Gott qualifiziert. «Er suchte Gott, solange Sacharja lebte, der ihn unterwies in der Furcht Gottes; und solange er den Herrn suchte, ließ es ihm Gott gelingen» (2. Chron. 26,5). Als Sacharjas festigender Einfluß nicht mehr da war, setzte die Verschlechterung bei ihm ein, die zu seinem Niedergang führen sollte.

Ungebrochener Erfolg und Wohlstand

Gottes Segen auf dem jungen König umfaßte die Gabe ungewöhnlicher Weisheit beim Leiten des Geschickes seines Reiches. Er war in einer kritischen Zeit auf den Thron gekommen, aber «solange er den Herrn suchte, ließ es ihm Gott gelingen». Während seiner langen Regierungszeit vermehrte er die Macht und das Ansehen der Nation beträchtlich und wies bemerkenswerte militärische Erfolge auf. Im Westen unterwarf er die Philister (V. 6), im Süden die Araber (V. 7), im Osten machte er sich die Ammoniter tributpflichtig, ohne eine Schlacht zu führen (V. 8). Während seiner ganzen Regierungszeit lebte Juda im Frieden mit dem nördlichen Reich Israel. Er befestigte Jerusalem, indem er an strategischen Punkten Türme erbauen ließ (V. 9). Vom militärischen und politischen Standpunkt aus betrachtet glich seine Herrschaft derjenigen von Salomo und übertraf diese sogar.

Während er im Kampf gegen seine Feinde stand, beging er nicht den Fehler, seine Heimatfront zu vernachlässigen, sondern er setzte seine außerordentliche Organisationsbegabung für die Entwicklung der natürlichen Reserven des Landes ein. Große Bewässerungsprogramme wurden ins Leben gerufen. Landwirtschaft, Gartenbau und Tierhaltung wurden gefördert und entwickelt, denn Usia «hatte Lust am Ackerbau» (V. 10). Dadurch wurde der Nachschub für seine Truppen gesichert.

Er baute eine nationale Verteidigungsarmee auf und hatte eine Elitetruppe von 307500 «sehr kriegstüchtigen Männern» (V. 13). Mit einer solchen Armee, die von 2600 erfahrenen Offizieren geführt wurde, stand ihm eine schlagkräftige Streitmacht zur Verfügung. Sein schöpferischer Genius fand Ausdruck in der Herstellung von «kunstvollen Geschützen ... um mit Pfeilen und großen Steinen zu schießen» (V. 15). Er wurde einer der mächtigsten Monarchen seiner Zeit und «berühmt bis hin nach Ägypten; denn er wurde immer mächtiger» (V. 8).

Das hervorstechende Merkmal der Herrschaft Usias war ihr ungebrochener Erfolg und Wohlstand. Aber das Geheimnis lag anderswo als in seinem militärischen Genius und administrativen Können. Es war die Hilfe, die er von Gott erhielt. Der Schlüssel zu seinem Erfolg wird in wenigen Worten zusammengefaßt: «Ihm wurde wunderbar geholfen, bis er sehr mächtig war» (V. 15) — ein Vers, der als Nachwort für viele andere gesegnete Reichsgottesarbeiter geeignet ist.

Es gibt nicht viele, die eine volle Tasse mit einer ruhigen Hand tragen können. Wir tun gut daran zu beten: «Herr, gib uns nicht mehr Wohlstand, als wir mit Demut ertragen können», denn während Unglück Tausende niedergeschlagen hat, hat Wohlstand Zehntausende niedergeschlagen.

Hochmut kommt vor dem Fall

Eine unheilvolle Note schleicht sich in seine Erfolgsstory ein: «Als er mächtig geworden war, überhob sich sein Herz zu seinem Verderben» (V. 16). Ungebrochener Erfolg hatte seinen Persönlichkeitscharakter ausgehöhlt. Er wurde von seiner eigenen Größe besessen und berauschte sich an seinem Erfolg. Der Wohlstand zog sein Herz von Gott ab, von dem er ihn empfangen hatte. Er vergaß Salomos Rat in Sprüche 8,15: «Durch mich regieren die Könige und setzen die Ratsherren das Recht.» Gott kann nur wenigen außergewöhnlichen Erfolg anvertrauen, weil die meisten von uns nicht genügend geistlichen Ballast tragen.

Stolz ist eine der sieben Todsünden. Theophylact nannte ihn die Hochburg und den Gipfel allen Übels. Stolz verursachte den Fall Luzifers, dessen Sünde im Kern darin bestand, daß er versuchte, sein eigenes Königreich, ohne Abhängigkeit von Gott, aufzurichten. Er war von einem Eigendünkel erfüllt, der mit nichts weniger als vollständiger Unabhängigkeit zufrieden ist. Dieser versucht, sich auf Kosten Gottes auf den Thron zu setzen. Es gibt keine Sünde, die Gott so verabscheut wie diese. Ein stolzes Herz und Gott können nie zusammenkommen. Stolz war es, der den mächtigen Nebukadnezar auf die Stufe des Tieres herunterriß. Stolz war es, der auch den erfolgreichen Usia zu einem ekelerregenden Aussätzigen machte.

Paulus hatte Ursache, Gott für den schmerzhaften «Pfahl im Fleisch» (2. Kor. 12,7) zu danken, der ihm von Gott gelassen wurde, damit er sich nicht in Stolz und Selbstherrlichkeit überhob. Dieser einmalig begabte Mann hatte ungewöhnliche und ekstatische Erfahrungen gemacht, die ihn aufs äußerste der Versuchung zum Stolz aussetzten, und seine eigene Aussage bestätigt, daß er sich der Möglichkeit wohl bewußt war, ihr zu erliegen. «Damit ich mich der hohen Offenbarungen nicht überhebe, ist mir ein Pfahl ins Fleisch gegeben», schrieb er, «nämlich der Engel Satans, der mich mit Fäusten schlagen soll, damit ich mich nicht überhebe.»

Nichts kann einen Menschen so sehr mit dem Bewußtsein seiner eigenen Wichtigkeit aufblasen wie der Besitz von großen Gaben, von Autorität oder eigenen Leistungen. Und nichts raubt ihm seine Brauchbarkeit so sehr wie geistliche Überheblichkeit. Im Falle von Paulus brachte Gott einen Ausgleichsfaktor in sein Leben hinein, damit sein Dienst nicht zunichte gemacht wurde. Zuerst betrachtete Paulus ihn als hinderliches Handicap, dem er zu entkommen suchte. Später, als er es in der richtigen Perspektive sah, fing er an, seinen himmlischen Nutzen zu erkennen.

Das Sakrileg des Königs

Der wachsende Stolz Usias führte ihn dazu, seinen Erfolg der eigenen Klugheit und Fähigkeit zuzuschreiben, und er unterließ es, Gott die Ehre zu geben. Er wurde so arrogant und selbstbewußt, daß er die Kühnheit besaß, sich in das Amt des Hohenpriesters einzumischen. Wie Kain besaß er die Unverschämtheit, Gott ohne Mittler und Sühneopfer anbeten zu wollen, und gerade das war die Sünde, die das Gericht über Korah und seine Rotte gebracht hatte (4. Mose 16,8-10).

Bei dieser Gelegenheit wurden sie an die Anweisung des Herrn erinnert, «daß kein Fremder, der nicht vom Geschlecht Aarons ist, sich nahe, um Räucherwerk zu opfern vor dem Herrn» (4. Mose 17,5). In Ägypten und anderen nahöstlichen Ländern nahm der König häufig an den religiösen Zeremonien teil und brachte Opfer dar, aber in Israel wurden die Ämter des Königs und der Priester strikt voneinander getrennt gehalten. Das Doppelamt des Priesterkönigs Melchisedeks, das die Herrschaft Christi als Königspriester vorschattete, war im levitischen Ritual nicht zu finden. Usia aber wollte die östlichen Könige im Bereich der Religion nachahmen.

Weil seine Herrschaft so erfolgreich und glanzvoll war, vermaß sich Usia zu glauben, er hätte das Recht, auch das geistliche Oberhaupt der Nation zu werden. «Sein Herz überhob sich zu seinem Verderben; denn er verging sich gegen den Herrn, seinen Gott, und ging in das Haus des Herrn, um auf dem Räucheraltar zu opfern» (V. 16).

Aus dem gottesfürchtigen jungen Mann war ein Größenwahnsinniger geworden. Zweifellos hatte er oft Davids Gebet gelesen und wahrscheinlich auch gebetet: «Bewahre auch deinen Knecht vor den Stolzen, daß sie nicht über mich herrschen» (Ps. 19,14). Aber ein solches Gebet kam jetzt nicht mehr über seine Lippen.

So wie John Knox der Arroganz einer Queen Mary widerstand, so versuchte ein schockierter, aber mutiger Asarja zusammen mit achtzig beherzten Priestern, den König von seiner Torheit und vom Opfern zurückzuhalten. Aber der Stolz hatte jetzt die volle Herrschaft, und er wollte sich keiner Opposition beugen. Mit schwingendem Räuchergefäß stieß er die zur Seite, welche ihn zu bewegen versuchten, von seinem Vorhaben Abstand zu nehmen. Wohl wissend, daß er sein Leben aufs Spiel setzte, rief Asarja aus: «Es gebührt nicht dir, Usia, dem Herrn zu räuchern, sondern den Priestern, den Söhnen Aarons, die geweiht sind zu räuchern. Geh hinaus aus dem Heiligtum; denn du vergehst dich, und es wird dir keine Ehre bringen vor Gott ... Da wurde Usia zornig ...» (V. 18 f.). Er ging mit Räucherwerk an den Ort, wo Blut vonnöten war.

Der König wird aussätzig

Gott ist langmütig und gnädig, aber es gibt festgelegte Grenzen; und wenn sich ein Mensch anmaßt, diese zu überschreiten, dann zieht das unweigerlich das Gericht nach sich. Usia entschied sich, das göttliche Verbot zu mißachten, und mußte nun die Folgen tragen. Wir können nicht auf die Geduld Gottes pochen. Für seine flagrante Anmaßung fiel das Gericht wie ein Blitz auf den König.

«Und wie er so über die Priester zornig wurde, brach der Aussatz aus an seiner Stirn vor den Augen der Priester im Haus des Herrn am Räucheraltar ... Und sie stießen ihn fort, und er eilte auch selbst hinauszugehen; denn seine Plage war vom Herrn» (V. 19 f.). Der König erkannte die Hand Gottes in dem Gerichtsakt. Jetzt war er vollständig abgeschnitten vom Hause Gottes, zu dem er nicht einmal mehr zum Gottesdienst gehen konnte.

Wo ist jetzt sein königlicher Pomp und Glanz? Ein Aussätziger! Unrein, unrein! Er hatte sich nicht selber richten wollen, darum hatte Gott ihn gerichtet (1. Kor. 11,31). Es war undenkbar, daß ein Aussätziger auf dem Thron Davids sitzen sollte; darum wurde er entfernt, und sein Sohn Jotham bestieg den Thron. Usia konnte auch nicht mehr länger im königlichen Palast leben, und so verbrachte er den Rest seines Lebens in einem abgelegenen Haus oder Krankenhaus.

Mirjam war mit der gleichen Krankheit geschlagen worden, weil sie sich anmaßte, die von Gott eingesetzten Führer zu kritisieren, aber ihre Krankheit wurde durch die Fürbitte von Mose geheilt. Nebukadnezar verlor eine Zeitlang seinen Verstand als Gericht über seinen Stolz, aber als er Buße tat, kehrte er wieder auf den Thron zurück. Die Tragödie von Usia liegt darin, daß es keinen Hinweis auf eine Buße bei ihm gibt, und so gab es auch keine

Rückkehr mehr für ihn. «So war der König Usia aussätzig bis an seinen Tod» (V. 21). Ihm wurde sogar ein Königsbegräbnis verweigert. Der Leichnam eines Aussätzigen durfte nicht die Königsgräber verunreinigen. «Sie begruben ihn bei seinen Vätern auf dem Felde neben der Grabstätte der Könige; denn sie sprachen: Er ist aussätzig.»

Das nächste Kapitel eröffnet eine glücklichere Perspektive. Sein Sohn Jotham, der ihm nachfolgte, «tat, was dem Herrn wohlgefiel, ganz wie sein Vater Usia getan hatte ... So wurde Jotham mächtig, denn er wandelte recht vor dem Herrn, seinem Gott» (27,2.6).

Kapitel 12

Nehemia — Nonkonformist und Tatmensch

Ich tat aber nicht so um der Furcht Gottes willen. (Nehemia 5,15)

«Nehemia ist im Urteil der Allgemeinheit nie Gerechtigkeit widerfahren. Er wird nicht zu den wohlbekannten biblischen Beispielen heroischer Selbstaufopferung gezählt. Aber er tat genau das, was Mose tat, und das Lob, das dem Gesetzesgeber im Hebräerbrief zuteil wird, würde auch gut auf Nehemia passen; denn auch er wollte viel lieber mit dem Volke Gottes zusammen leiden, als durch eine Sünde für kurze Zeit Vorteile haben. Diese Haltung müssen auch wir auf unseren verschiedenerlei Wegen einnehmen, wenn wir einen Anteil am Bau der Mauern der Stadt Gottes haben wollen.»[1]

Alexander Maclaren

Bezugsstellen: Esra 2,2; das Buch Nehemia.

Die naive Ichform von Nehemias autobiographischer Schilderung läßt dieses Buch der Bibel sich von den anderen unterscheiden. Aber es ist die Naivität eines völlig aufrichtigen und ehrlichen Mannes, dessen Egoismus ausgeglichen wird durch seine Anerkennung, daß die gute Hand Gottes über ihm war. Das Bild enthält keine Spur von Grau, alles ist in Schwarz und Weiß gehalten. Die Geschichte wird ganz direkt und völlig tatsachenbezogen erzählt. Alles ist anschaulich und lebendig und hinterläßt den Eindruck eines Mannes von tiefer Überzeugung, großer Hingabe und ungewöhnlichem Mut.

Der Bericht ist ein trauriger Kommentar zu dem gefährlichen Zustand des jüdischen Volkes in diesem Stadium seiner Geschichte, daß weder ein König noch Propheten oder Priester zur Stelle waren, um das Volk aus dem Morast, in den es hineingeraten war, herauszuführen. Die Professionellen hatten versagt, darum wendet sich Gott an einen gewöhnlichen Bürger, der in eine Vertrauensstellung am heidnischen Königshof gelangt war, um seine göttlichen Segensabsichten mit seinem Volk durchzuführen. Gott läßt sich durch menschliches Versagen nicht aufhalten, sondern bedient sich einer anderen Methode zur Durchsetzung seiner Pläne.

Durch die Vorsehung Gottes war Nehemia, der Sohn Hachaljas, im Exil, fern von seiner Heimat, aufgewachsen und zur Stellung eines Mundschenks des persischen Königs aufgestiegen. Gewisse Züge in seinem Leben rechtfertigen die Annahme, daß er von gottesfürchtigen Eltern erzogen und unterwiesen wurde.

Unter dem Amt eines königlichen Mundschenks muß man sich nicht das eines privilegierten Oberkellners vorstellen. Es war eine einträgliche Stellung und wurde als eine der ehrenwertesten und vertraulichsten Stellungen am Hof überhaupt betrachtet. Sie erlaubte Nehemia den Zutritt zum König, der mit ihm mehr wie zu einem Vertrauten als zu einem Untergebenen sprach.

Die persischen Monarchen wurden von einer Anzahl von Mundschenken bedient. Das war wahrscheinlich eine Sicherheitsmaßnahme, da sie sich in ständiger Gefahr befanden, vergiftet zu werden. Jeder bediente den König während vier aufeinanderfolgenden Monaten, was es Nehemia ermöglichte, Urlaub zu erhalten.

Offensichtlich stand Nehemia in hohem Ansehen beim König. Es war seine Treue bei der Erfüllung seiner säkularen Pflichten, die ihm die von ihm später gesuchten Privilegien verschaffte. Gottseligkeit muß nicht unbedingt unvereinbar sein mit irdischem Erfolg.

Zwölf Jahre früher war Esra mit 1750 Männern und ihrem Anhang nach Jerusalem zurückgekehrt, um die Stadt aufzubauen; sie wurden aber an der Vollendung ihrer Arbeit durch einen königlichen Erlaß gehindert, so daß die Stadt großenteils weiterhin in Trümmern liegen blieb.

Hanani, der Bruder Nehemias, besuchte diesen zusammen mit einigen Männern auf der Festung Susa, der Hauptstadt des Königreiches.

Als Patriot, der er war, erkundigte er sich sehr interessiert nach dem Ergehen der Juden, die aus der Gefangenschaft zurückgekehrt waren, sowie nach dem Zustand Jerusalems selber.

Ein bedrückender Bericht

Der bedrückende Bericht, den sie brachten, lastete schwer auf ihren Herzen. «Als ich aber diese Worte hörte, setzte ich mich nieder und weinte und trug Leid tagelang und fastete und betete vor dem Gott des Himmels» (1,4).

Es gab genügend Ursache für seinen Kummer. Die Menschen waren dekadent und hoffnungslos geworden. Die Wirtschaft lag darnieder, und der Zustand der Stadtmauern war so lamentabel, daß ein Fuchs sie hätte umwerfen können, wie die Feinde spottend bemerkten. Doch gerade in dieser unmöglichen Situation erkannte Nehemia eine brennende Herausforderung seines Glaubens —, und er nahm sie an.

Seine Gebete und Tränen waren ein Spiegelbild seines persönlichen Glaubenslebens. Der wahre Mensch zeigt sich, wenn er auf den Knien liegt. Er ist das, was er in der Einsamkeit mit Gott ist — und nicht mehr. Tränen sind oft ein Merkmal von Stärke, nicht von Schwäche, und Nehemia war kein Schwächling. Patriotismus, Sorge um die Ehre Gottes und um den Segen seines Volkes inspirierten seine Gebete. Das Gebet von Kapitel 1,5-11 ist eine Mischung von Ehrfurcht, Bekenntnis, Zerknirschung und Zuversicht. Er hält Gott seinen Bund und sein verbürgtes Wort vor, als er ihn um Erfolg für seine Bitte an den König anfleht, ihm die Erlaubnis zum Wiederaufbau der Mauern von Jerusalem zu geben. Er erkannte klar, daß das der erste wichtige Schritt zur Wiederherstellung der Stadt als nationales und religiöses Zentrum war.

Nehemia war so sehr von der Notlage seines Volkes betroffen, daß seine offenbare Bekümmernis den König zu der Frage veranlaßte: «Warum siehst du so traurig drein? Du bist doch nicht krank? Das ist's nicht, sondern sicher bedrückt dich etwas.» Ein Beamter mit einem traurigen Gesicht in der Gegenwart des Königs oder die Bitte um Erlaubnis, den Hof verlassen zu dürfen, war ein Verstoß gegen die Etikette, der mit dem Tode bestraft wurde. Kein Wunder, daß Nehemia «sich sehr fürchtete». Mit einem Blick nach oben zum Himmel brachte er sein Anliegen vor und war sich dabei völlig bewußt, welch ein Risiko es bedeutete, Interesse an einer Stadt zu zeigen, die das königliche Mißfallen auf sich gezogen hatte.

Gott ehrte seinen Glauben. Der König gewährte ihm nicht nur den gewünschten Urlaub, sondern versprach ihm auch die für die Wiederherstellung der Tore und Häuser notwendigen Balken. Seine Tränen und Gebete waren nicht umsonst gewesen. Der heidnische König besaß keine Ahnung von den Mächten, die durch die Gebete seines Mundschenks aktiviert wurden.

Drei Tage nach seiner Ankunft in Jerusalem stahl sich Nehemia mit charakteristischer Vorsicht in die Nacht hinaus, um sich selbst einen Eindruck vom Zustand der Mauern und von der Größe der Aufgabe zu verschaffen (2,12). Er hütete sich vor dem Fehler, vorschnell zu handeln, bevor er nicht sorgfältig seinen Plan gemacht hatte.

Als nächstes sprach er den niedergeschlagenen Menschen Mut zu, indem er ihnen erzählte, wie die Güte Gottes den König dazu bewegt hatte, die nötige Erlaubnis und das notwendige Material zu gewähren. Sein Glaube und sein Eifer waren so ansteckend, daß sie trotz der Opposition der benachbarten Heiden antworteten: «Auf, laßt uns bauen!» (2,18). Der Rest der Geschichte ist ein feines Beispiel inspirierter und charismatischer Führerschaft.

Grundlegendes Gebet

Der besondere Eindruck dieser ungeschminkten Geschichte Nehemias besteht in einem Mann, für den das Gebet eine grundlegende, nicht aber eine ergänzende Bedeutung hatte. Gebet war nicht ein Zusatz zu seiner Arbeit, sondern seine Arbeit erwuchs aus seinem Beten. Es liegt auf der Hand, daß er kein Fremder vor dem Gnadenthron war. Er betete nicht nur zu bestimmten Anlässen, sondern seine Gebete waren integrierender Bestandteil seines täglichen Lebens und Tuns (s. Neh. 1,4.6; 2,4; 4,4-9; 5,19; 6,14; 13,14.22.29).

Es ist auch aufschlußreich zu beachten, welche Rolle das Gebet beim Wiederaufbau der Stadt spielte. Gebet sicherte die Gunst und die Zusammenarbeit des Königs. Gebet verschaffte das notwendige Material sowie die Geleitbriefe des Königs. Es rüstete Nehemia mit Mut und Weisheit im Umgang mit den Feinden aus. Es vermittelte ihm geschäftliche Gewandtheit und Takt beim Lösen von Arbeits- und Lohnproblemen. Es befähigte ihn, mit gerissenen Berufsfachleuten umzugehen. Es gab ihm Frieden inmitten von Spott und Lügen. Es erneuerte seinen Glauben und seinen Optimismus.

Er bewies angesichts von Gefahr und Widerstand großen Mut. Als er gedrängt wurde, im Tempel hinter verschlossenen Türen Schutz zu suchen, weil man ihn mit dem Tode bedrohte, gewann er durch seine Furchtlosigkeit noch mehr die Herzen des Volkes, das wieder neuen Mut faßte.

Mit feinem Spott antwortete er: «Sollte ein Mann wie ich fliehen? Sollte ein Mann wie ich in den Tempel gehen, um am Leben zu bleiben? Ich will nicht hineingehen» (6,11).

Eine echte Sorge um das Wohlergehen seines Volkes durchzieht den ganzen Bericht, eine so offensichtliche Sorge, daß sie seine Feinde störte. «Als das hörten Sanballat und Tobia, verdroß sie es sehr, daß einer gekommen war, der für die Israeliten Gutes suchte» (2,10). Er identifizierte sich mit seinem Volk nicht nur in seinen Nöten und Leiden, sondern auch in seinen nationalen Sünden — «die Sünden der Israeliten, die wir an dir getan haben; und ich und meines Vaters Haus haben auch gesündigt» (1,6).

Nehemia bewies in einem bemerkenswerten Ausmaß sein Einfühlungsvermögen. Immer war er bereit, den Bekümmernissen und Problemen der Leute ein offenes Ohr zu leihen, und wo es nötig war, ergriff er prompte Hilfsmaßnahmen (4,10-12; 5,1-5). Ein gläubiger Leiter sagte einst zum Autor im Blick auf jemand, der mit berechtigter Sorge zu ihm gekommen war: «Ich wollte nicht, daß er sich an meiner Schulter ausweinte.» Aber genau dafür ist ja die Schulter eines Führers da!

Erfolgsgeheimnisse

Das ganze kühne Unterfangen Nehemias war von einer gesunden Vorsicht gekennzeichnet. Nach seiner Ankunft in Jerusalem stürzte er sich nicht sofort in eine fieberhafte Tätigkeit.

«Als ich nach Jerusalem kam und drei Tage da gewesen war ...», heißt es im Bericht (2,11). Erst nach Einschätzung der Lage ging er ans Werk. Sogar seine Rekognoszierung erfolgte unter strikter Geheimhaltung im Schutze der Nacht. Im Bewußtsein der Gefahr, zu viele Leute in Kenntnis von Plänen zu setzen, sagte er niemandem davon, was Gott ihm zu tun aufs Herz gelegt hatte (2,12).

Schnelle und klare Entscheidungen prägen seine Aktivitäten. Was schnell getan werden mußte, schob er nicht für spätere Wiedererwägung auf. Etwas aufschieben war für diesen energischen und disziplinierten Mann ein Greuel. Aber seine Entscheidungen waren gänzlich unparteiisch. Die Vornehmen und Verantwortlichen bekamen seinen Tadel ebenso zu hören wie die einfachen Leute, wenn dies erforderlich war. «Ich schalt die Vornehmen und Ratsherren und sprach zu ihnen ... Und ich brachte eine große Versammlung gegen sie zusammen» (5,7). Es gab kein Ansehen der Person. Jeder einzelne wurde gefordert. Sie kamen aus allen Schichten, Frauen ebenso wie die Männer.

Sein Charakter vereinte echte geistliche Gesinnung mit irdischem Realismus. Seine geistliche Betrachtungsweise der Probleme schloß ein realistisches «Den-Tatsachen-ins-Auge-Sehen» nicht aus. «Wir aber beteten zu unserem Gott und stellten gegen sie Tag und Nacht Wachen auf zum Schutz vor ihnen» (4,3) — eine alte Version des späteren «Vertrau auf Gott und halte dein Pulver trocken». Es gab bei ihm weder eine anmaßende Unabhängigkeit von Gott noch eine leichtsinnige Vernachlässigung von notwendiger Vorbereitung.

Während er die Verantwortung für das Wiederaufbauprogramm übernahm, wich er auch den lästigen Dingen nicht aus, sondern führte seine Aufgabe trotz Schwierigkeiten und Gefahren bis zum erfolgreichen Abschluß durch. Ein Aufgeben kam gar nicht in Frage. Als die Arbeit getan war, verzichtete er auf die Rechte, die ihm als Führer zukamen. Als Beweis für seine Uneigennützigkeit konnte er sagen: «Von der Zeit an, als mir befohlen wurde, ihr Statthalter zu sein im Lande Juda ... verzichtete ich für mich und meine Brüder auf meine Einkünfte als Statthalter. Denn die früheren Statthalter, die vor mir gewesen waren, hatten das Volk belastet und hatten für Brot und Wein täglich vierzig Silberstücke von ihnen genommen ... Ich aber tat nicht so um der Furcht Gottes willen» (5,14 f.).

Gelassen in der Krise, tatkräftig im Verwalten, furchtlos in Gefahr, mutig zur Entscheidung, gründlich im Organisieren, wachsam gegen Intrigen, uneigennützig in der Führerschaft — das war

Nehemia, ein rundum bemerkenswerter Mann. Er war demütig genug, seinen Erfolg der guten Hand Gottes über ihm zuzuschreiben.

Erfolgreiche Strategie

Die Methoden, die er anwandte, um eine maximale Kooperation der ganzen Gruppe sicherzustellen, sind sehr lehrreich für uns. Die Mauern innerhalb von zweiundfünfzig Tagen wieder aufzubauen, war ein bemerkenswerter Beitrag zu dem Erfolg seiner Strategie.

1. Er trachtete danach, *die Moral seiner Mitarbeiter zu heben* — eine wichtige Funktion für einen verantwortlichen Leiter. Er erreichte dies, indem er ihren Glauben anspornte und ihre Gedanken von der Größe ihrer Probleme weg und auf die Größe Gottes hinlenkte. Glaube gebiert Glauben. Pessimismus gebiert Pessimismus. Es ist die Hauptaufgabe des Leiters, den Glauben seiner Mitarbeiter zu nähren.

Im Bericht verstreut findet man verschiedene glaubenweckende Versicherungen. «Der Gott des Himmels wird es uns gelingen lassen» (2,20). «Unser Gott wird für uns streiten» (4,14). «Fürchtet euch nicht vor ihnen; gedenket an den Herrn, der groß und furchtbar ist» (4,8). «Die Freude am Herrn ist eure Stärke» (8,10).

2. Er *geizte nicht mit Anerkennung und Ermutigung.* Als er zu diesen demoralisierten und entmutigten Menschen kam, war es sein erstes Ziel, Hoffnung zu wecken und sich ihre Mitarbeit zu sichern, indem er ihnen von der gütigen Hand Gottes über seinen Bemühungen berichtete und mit ihnen seine Schau sowie sein völliges Vertrauen auf Gott teilte (2,18).

3. Versagen und Fehler müssen erkannt und korrigiert werden, aber die Art und Weise, wie dies geschieht, ist von größter Wichtigkeit. Nehemia wußte, wie man es macht (oder war es das Resultat von Nachdenken und Selbstzucht?), die Leute zu noch Besserem anzuspornen. Seine *feste, unparteiische Disziplin* stärkte ihr Vertrauen in ihn und festigte seine Autorität.

4. Er *ließ mögliche Ursachen zur Unzufriedenheit gar nicht erst aufkommen,* sondern war unverzüglich für ihre Beseitigung besorgt. Zwei typische Fälle werden erwähnt.

An einem Punkt *hatten Müdigkeit und Behinderung zur Entmutigung der Leute geführt.* Sie waren völlig erschöpft. Haufen von Schutt hemmten den Fortschritt ihrer Arbeit. Außerdem ließen sie sich von ihren Feinden einschüchtern. Welche Taktik wandte Nehemia an? Er lenkte ihre Gedanken zu Gott hin (4,14), aber er sorgte auch dafür, daß sie angemessen bewaffnet waren. Er gruppierte sie um und stellte sie an strategische Punkte. Der einen Hälfte befahl er zu arbeiten und der anderen Hälfte, sich auszuruhen oder Wache zu halten. Sobald sie sahen, daß ihre Anführer ihr Problem erkannten und sich damit auseinandersetzten, kehrten Mut und Optimismus zurück.

Das zweite Problem rührte daher, daß die Leute *durch die Habgier und Herzlosigkeit* ihrer eigenen Brüder *schwer enttäuscht* waren (5,1-15). Das Land der ärmeren Leute war total verschuldet, und einige verkauften ihre Kinder in die Sklaverei. Nichts wirkt sich so sehr auf die Moral der Menschen aus, als wenn das Wohl ihrer Kinder ernstlich gefährdet ist. Wieder ist Nehemias Vorgehen beispielhaft.

Er hörte sich aufmerksam ihre Beschwerden an und zeigte viel Verständnis für sie in ihrem Dilemma. Er schalt die Vornehmen wegen ihrer Herzlosigkeit, hohe Wucherzinsen von ihren Landsleuten zu fordern, und verglich ihr Verhalten mit seiner eigenen Selbstlosigkeit (5,14). Er forderte sie zu sofortiger Rückerstattung auf. So groß war sein moralischer und geistlicher Einfluß auf sie, daß sie antworteten: «Wir wollen es zurückgeben und wollen nichts von ihnen fordern und wollen tun, wie du gesagt hast» (5,12).

5. Gemeinsam mit seinem Mitstreiter Esra *stellte Nehemia die Autorität des Wortes Gottes unter dem Volk wieder her* (8,1-8). Ohne diesen Faktor wären die von ihm durchgeführten Reformen nur von kurzer Dauer, wenn nicht sogar unmöglich gewesen. Er verschaffte den Grundsätzen des Wortes Gottes neue Achtung, und das verlieh seinem Handeln geistliche Autorität.

Das Laubhüttenfest, seit Josuas Zeiten nicht mehr gefeiert,

wurde wieder begangen. Wie ergötzten sich die arbeitsmüden Leute an diesen sieben Ruhetagen und Festlichkeiten! Das regelmäßige Vorlesen aus der Heiligen Schrift führte bei Priestern wie bei dem Volk zu Buße und Sündenbekenntnis (9,3-5).

6. Nehemia *reinigte den Tempel* vom gotteslästerlichen Hausrat des Tobia (13,4-9). Dabei scheute er sich nicht, handfest zuzugreifen. «Ich warf allen Hausrat des Tobia hinaus vor die Kammer.» Dafür kehrten die heiligen Geräte zurück, und der Zehnten vom Getreide, Wein und Öl wurde wieder hereingebracht (13,5.9). Der Sabbat wurde wieder geheiligt und die Verheiratung mit umliegenden Völkern verboten (13,15.23-25).

7. Er bewies bemerkenswertes *administratives und organisatorisches Geschick*. Bevor er detaillierte Pläne entwarf, führte er eine sorgfältige Untersuchung durch und nahm eine eingehende Schätzung des zur Verfügung stehenden Personals vor. Er vernachlässigte auch die unattraktive Büroarbeit nicht. Er machte seine Hausaufgaben. Jede Gruppe wurde mit einem besonderen, klar umrissenen Verantwortungsbereich betraut. Er sprach untergeordneten Verantwortlichen seine Anerkennung aus, indem er sie bei Namen nannte und ihnen das Gefühl vermittelte, mehr als ein bloßes Rad in einer Maschine zu sein.

8. Er erkannte die Wichtigkeit der *Verantwortungsteilung*. «Ich setzte über Jerusalem meinen Bruder Hanani und den Burgvogt Hananja, der ein treuer Mann war und gottesfürchtig vor vielen andern» (7,2). Durch dieses Delegieren der Verantwortung erleichterte er nicht nur seine eigene Bürde, sondern gab anderen fähigen Leuten die Chance, ihre eigenen Führungseigenschaften zu entwickeln.

9. *Die Art und Weise, wie er organisierter Opposition gegenübertrat,* enthält auch heute noch gültige Lektionen. Der Widerstand hatte verschiedene Formen: Verhöhnung (2,19); Sticheleien (2,19); Infiltration (6,2-4); Einschüchterung (6,1-8); Intrigen (6,7 f).

Einen beständigen Kurs inmitten dieser wirbelnden Ströme zu steuern, erforderte mehr als menschliche Weisheit, und Nehemia wußte, wo er es bekommen konnte. Immer wieder nahm er zum Gebet Zuflucht. Wenn es die Sicherheit nicht beeinträchtigte, ignorierte er nach Möglichkeit die Feinde und weigerte sich, durch sie sich von seinem Ziel ablenken zu lassen.

«Ich habe ein großes Werk auszurichten; ich kann nicht hinabkommen» (6,3). Aber wenn es weise war, so traf er alle notwendigen Vorsichtsmaßnahmen (4,16).

Die Leistungen dieses rauhbeinigen und geraden Mannes sind erstaunlich. Er baute nicht nur die Stadtmauern in acht Wochen wieder auf, sondern veränderte während der dreizehn Jahre seiner Statthalterschaft das ganze Gesicht des Volkes. Er vermehrte die Bevölkerung der Stadt (11,1). Er stellte den Tempelgottesdienst sowie die Oberhoheit des Wortes Gottes wieder her. Er setzte dem schikanösen Geldverleih ein Ende und löste eine große Anzahl von Sklaven aus. Er stoppte gemischtrassische Eheschließungen und sorgte für die strikte Einhaltung des Sabbats. Bezeichnenderweise schließt er seine Autobiographie mit einem Gebet: «Gedenke mir's, mein Gott, zum Besten!»

Kapitel 13

Andreas —
ein gewöhnlicher Mensch?

Der fand zuerst seinen Bruder Simon. (Joh. 1,41)

«Die meisten Nachfolger Jesu erlangen keine Berühmtheit. Sie müssen ein einfaches Leben führen, eine Sache der Routine. Wenige nehmen von uns Notiz. So leben wir Tag für Tag, nicht müßig und nutzlos, aber an einem bescheidenen Platz — bis das Ende kommt. So ist das Leben und Los der Mehrheit.»[1]

John A. Hutton

Bezugsstellen: Matthäus 4,18; Markus 1,16.29; 3,18; 13,3; Lukas 6,14; Johannes 1,40.44; 6,8; 12,22; Apostelgeschichte 1,13.

«Ein gewöhnlicher Mensch.» «Er ist nie besonders hervorgetreten.» «Er war in keiner Hinsicht ein großer Mann.» «Ein Musterchrist.» So lauten die verschiedenen Beurteilungen von Andreas, dem Sohn Jonas von Bethsaida. Er war der Bruder des Simon Petrus und wurde der Schutzheilige von Schottland, Rußland und Griechenland. Diese letztere Tatsache wirft ein interessantes Licht auf den Charakter dieses Mannes. Ob die genannten Einschätzungen der Wahrheit entsprechen, wird sich herausstellen, während wir die neutestamentlichen Bibelstellen, die sich mit dem Apostel befassen, betrachten.

Die zwölf Apostel erscheinen in den Evangelien in drei Gruppen zu je vier. Andreas gehört mit Jakobus, Johannes und Petrus zur ersten Gruppe. Die Reihenfolge der Namen wechselt ab, aber keiner der ersten Gruppe erscheint in einer der anderen Gruppen.

Andreas zählte jedoch nicht zum inneren Vertrautenkreis Jesu, der die Herrlichkeit der Verklärung miterlebte und Zeuge des Gebetsringens in Gethsemane wurde. Er erlangte nie die Berühmtheit seines auffallenderen Bruders; dennoch verdankt die ganze Gemeinde Jesu seinem schlichten Dienst viel. Offenbar lebte er mit Petrus zusammen, der auch sein Geschäftspartner war (Mark. 1,29).

Die erste große Krise in seinem Leben trat ein, als er die strenge Predigt Johannes des Täufers hörte, der das abtrünnig gewordene Israel zur Buße rief. Das Echo auf diese Predigt war überwältigend, und Andreas sowie sein Bruder wurden von dieser neuen Geistesbewegung erfaßt. Sie waren bei der Taufe Jesu dabei und vernahmen am folgenden Tage die erstaunliche Aussage des Propheten: «Siehe, das ist Gottes Lamm!» — Worte, die Jesus als den langerwarteten Messias identifizierten (Joh. 1,35-37.40).

Für Andreas war es ein Schicksalstag. Er hatte wie jeder andere begonnen, aber für ihn konnte das Leben nie mehr dasselbe sein. «Einer von den beiden, die Johannes zugehört hatten und Jesus gefolgt waren, war Andreas» (Joh. 1,40). Es war ein Fall von Liebe auf den ersten Blick, und sein ganzes Leben hindurch nahm seine Hingabe nie ab, seine Nachfolge kam nie ins Stocken. In dieser Begebenheit liegt eine feine, wenn auch indirekte Anerkennung für Johannes — sein Zeugnis führte zwangsläufig zu Jesus hin. Sein Dienst war christozentrisch.

Ein Menschenfischer

Es dauerte nicht lange, bis Andreas mit einer Herausforderung konfrontiert wurde, die sowohl seine Hingabe wie auch seine Motivation auf die Probe stellte. Als Jesus am Ufer des Sees Genezareth dahinging, blieb sein forschender Blick auf zwei emsigen Fischern ruhen. Er hatte zum Vater im Himmel um Leitung bei der Auswahl jener Männer gebetet, die als Ausführungswerkzeuge seines Planes mit der Welt dienen sollten. Kaum hatte er Simon Petrus und Andreas erblickt, spürte er das Zeugnis des Geistes in sich, daß sie die ersten dieser privilegierten Schar sein würden. «Folgt mir nach», sagte er; «ich will euch zu Menschenfischern machen» (Matth. 4,19 f).

Die Worte, auf die es bei dieser Berufung ankommt, waren: «Ich will euch machen.» Es gibt keine selbstgemachten Mitarbeiter in seinem Reich. Von nun an sollte Andreas von Jesus persönlich unterwiesen werden und unter seiner Aufsicht stehen. Jesus nahm seine natürlichen Gaben und Fähigkeiten, wie sie in seiner normalen Tätigkeit zum Ausdruck kamen, und richtete sie auf geistliche Kanäle aus. Das ist die übliche, wenn auch nicht einzige

Methode des großen Meisters. Wenn die natürlichen Gaben seinem Dienste geweiht werden, dann wird «das natürliche Können der irdischen Begabung zu einem geistlichen Können unter der geistlichen Ordnung».[2]

Daß Andreas wirklich ein erfolgreicher Menschenfischer wurde, wie Jesus verheißen hatte, zeigt sich in der Tatsache, daß er die drei Male, wo er besonders in Erscheinung trat, Menschen zu Jesus führte.

Andreas war einer jener gottesfürchtigen Menschen, die auf «den Trost Israels» warteten, aber er teilte nichtsdestoweniger die engstirnigen Ansichten seiner Kameraden. Sie waren alle in den jüdischen Vorurteilen und Animositäten gefangen, und ihr späteres Verhalten offenbarte ihre Neigung zu einem gewissen Fanatismus und zur rassistischen Exklusivität. Sie hatten in kommenden Tagen noch viele Lektionen in der Schule Christi zu lernen und mußten sich einem strengen und anspruchsvollen Erziehungsprozeß unterziehen.

Die erste Lektion

Andreas erhielt seine erste Hauptlektion in einer privaten Unterrichtsstunde, die er nie vergessen sollte. Er und sein Kamerad (war es Johannes?) hatten den Ruf des Täufers gehört: «Siehe, das ist Gottes Lamm», und waren unwiderstehlich von der starken Persönlichkeit Jesu angezogen worden. Neugierde, vermischt mit Sehnsucht, hatte sie veranlaßt, ihm nachzufolgen.

Mit einer klaren Entscheidung, wie sie für Andreas bezeichnend war, wandte er seine Treue von Johannes dem Täufer nun dem zu, auf den dieser hingewiesen hatte. Das war nicht der leichtfertige Entschluß eines wankelmütigen Menschen, sondern eine unwiderrufliche Gewissensentscheidung. Es umgab Jesus etwas, das Vertrauen erweckte. Andreas begann zu ahnen, daß dieser der Messias sein könnte.

Als Jesus diese beiden ihm nachfolgenden Männer sah, ergriff er die Initiative und ermunterte sie mit der freundlichen Frage: «Was sucht ihr?» Ihre zaghafte Antwort verriet ihren Wunsch nach einem engeren Kontakt mit dem neuen Lehrer. «Wo ist deine Herberge?» erkundigten sie sich. «Kommt, und ihr werdet sehen», lautete die herzliche Antwort Jesu — eine stille Einladung, ihn zu begleiten. Welch ein einzigartiges Vorrecht für diese zwei!

Wenn Johannes sich in seinem Bericht an die römische Zeitrechnung hielt, was wahrscheinlich ist, so fand ihre Begegnung gegen vier Uhr nachmittags statt. «Daß die beiden am späteren Nachmittag zu Jesus kamen und die Art von Gespräch mit ihm führten, wie sie die Umstände andeuten», schreibt Leon Morris, «zwingt uns beinahe dazu, anzunehmen, daß sie über Nacht bei Jesus blieben.»

Über welche kostbaren Wahrheiten muß Jesus wohl mit seinen neuen Freunden in jener denkwürdigen Nacht gesprochen haben! Es ist ihnen in seiner sympathischen Gegenwart sicher leicht gefallen, ihre Herzen zu öffnen und ihm alle möglichen Fragen zu stellen.

Die Einzelheiten werden wir nie erfahren, aber der starke Eindruck, den dieses Gespräch hinterließ, wurde sofort sichtbar. «Wir haben den Messias gefunden!» Mit diesen Worten drang er in seinen Bruder, sich auch unbedingt mit Jesus zu treffen.

Es sollte eine Begegnung werden, die sowohl für die Gemeinde wie auch für die Weltepoche schöpferisch wirkte.

Entdeckungsfreude

Ist es nicht bezeichnend, daß der erste Jünger, der Jesus nachfolgte, auch der erste war, der seinen eigenen Bruder zu Christus führte? Die Freude über seine neue Entdeckung veranlaßte ihn, sie im engsten Familienkreis zu teilen — und das ist keineswegs die leichteste Umgebung zum Zeugnisgeben. In Wirklichkeit wird unsere Nachfolge gerade im engsten Familienkreis am meisten auf die Probe gestellt, wo einer den andern so gut kennt und Widersprüche im Leben unser Zeugnis neutralisieren können.

«Andreas fand zuerst seinen Bruder Simon», der durch Gottes Fügung seinen prosaischeren Bruder weit in den Schatten stellen sollte. Was war es, das auch Petrus davon überzeugte, daß Jesus der Messias war? Ist nicht anzunehmen, daß in jenen Gesprächsstunden etwas von der Herrlichkeit Jesu auf Andreas überging und die Veränderung, die Petrus an ihm wahrnahm, diesen davon überzeugte, daß es sich hier nicht um einen gewöhnlichen Menschen handelte?

Während Petrus als Anführer der Apostelschar, als der große Pfingstprediger und später als Mitverfasser des Neuen Testaments ein prominenter Mann wurde, darf nicht vergessen werden, daß es Andreas gewesen war, der ihn als Gottes Bote in Verbindung mit Jesus gebracht hatte. Er geriet durch die mächtige Persönlichkeit des Petrus in den Hintergrund und war als «Bruder von Simon Petrus» bekannt, aber kein anderer Menschenfischer hatte einen bedeutsameren Fang gemacht als er. Nach der Auffassung von Erzbischof William Temple hätte man der Gemeinde Jesu keinen größeren Dienst erweisen können als Andreas mit seiner Tat.

Es war ein unscheinbarer Sonntagsschullehrer, der Moody zu Jesus geführt hat. Spurgeon kam durch einen ungelehrten Mann mit einer monotonen Predigt zu Jesus. Daß Andreas seinen Bruder für Christus gewann, beweist, daß er neues Leben in Christus hatte.

«... so sollen diese lernen, zuerst in der eigenen Familie Gottes Gebot zu erfüllen» (1. Tim. 5,4) ist ein gesunder Grundsatz für einen neuen Jünger Jesu. Er argumentierte und diskutierte nicht mit Petrus, sondern legte einfach Zeugnis ab von seiner Erfahrung mit Christus. Das ist immer noch eine der wirksamsten und überzeugendsten Methoden des Menschenfischens.

Eine zweite Lektion

Die nächste Krise im Erziehungsprozeß des Andreas trat in Verbindung mit der Speisung der Fünftausend auf (Joh. 6,1-14). Das Erbarmen Jesu mit der Menge, die ihm gefolgt war, ließ es ihm nicht zu, sie hungrig wegzuschicken, wie die Jünger vorgeschlagen hatten. Die daraus entstehende Situation hielt eine neue Glaubenslektion bereit. «Wo kaufen wir Brot, damit diese zu essen haben? *Das sagte er aber, um ihn zu prüfen*» — und auch die anderen Jünger. Wie werden sie reagieren?

Philippus betrachtet die Sache als eine rein ökonomische Angelegenheit, nimmt eine rasche Kalkulation vor und erklärt ihre Unmöglichkeit. «Für zweihundert Silbergroschen Brot ist nicht genug, wenn jeder auch nur ein wenig bekommen soll.» Er konnte die Größe des Problems einschätzen, aber keine Lösung vorschlagen.

Philippus und die anderen Jünger sahen eine Schwierigkeit bei dieser Gelegenheit. Andreas erkannte eine Gelegenheit in der Schwierigkeit. Das ist das Merkmal des Glaubensmenschen. Die meisten von uns können besser die Größe eines Problems beurteilen, als durch unsern Glauben eine Lösung bringen. Andreas hatte nur einen zögernden und zaghaften Glauben, aber er reichte aus, um ihn zu einer positiven Aktion zu bewegen.

Während Philippus und die anderen miteinander diskutierten, führte Andreas unabhängig Nachforschungen durch und brachte dann einen Vorschlag: «Es ist ein Kind hier, das hat fünf Gerstenbrote und zwei Fische.» Aber dann, als ihm die Unzulänglichkeit dieser geringen Menge bewußt wurde, strauchelte sein Glaube, und er fügte hinzu: «Aber was ist das für so viele?»

Er war ein vorsichtiger Mann. Hatte er diesen Vorschlag zu schnell gemacht? Aber trotzdem die Sache, menschlich gesehen, unwahrscheinlich war, besaß er doch soviel Vertrauen zu Jesus, daß er das Kind zu ihm brachte. Wenn er der Messias war, würde er dann nicht das Unmögliche vollbringen können? Er lernte bei dieser Gelegenheit, daß die göttliche Kraft durch unzulängliche und unwahrscheinliche Mittel wirkt, wenn sie in Jesu Hand gelegt werden.

Andreas war der einzige in der Gruppe, der wenigstens ein klein wenig Glauben in die Fähigkeit des Meisters bewies, die unmögliche Situation lösen zu können. Und der Knabe? Würde er je den Mann vergessen können, der seinen Imbiß tausendmal vermehrte? Würde er sich weniger zu Jesus hingezogen fühlen, als es bei Andreas der Fall gewesen war? Wir können wohl auch ihn zum Fang des Andreas hinzurechnen.

Wir möchten Jesus sehen

Das nächste Mal erscheint er im biblischen Bericht, als ein paar Griechen nach Jerusalem pilgerten, um dort beim Fest anzubeten (Joh. 12,20-26). Gerüchte über das erstaunliche Auftreten des neuen Lehrers hatten in ihren Herzen den Wunsch geweckt, mehr über ihn zu erfahren. Sie traten zu Philippus und sagten: «Herr, wir möchten Jesus gerne sehen.» Bezeichnenderweise weiß Philippus nicht so recht, was zu tun ist. Sie wollten Jesus sehen, aber wollte auch er sie sehen? Zu Philippus' Gunsten darf nicht vergessen werden, was Jesus gesagt hatte: «Ich bin nur zu den verlorenen Schafen Israels gesandt.»

In seiner Ratlosigkeit ging Philippus mit seinem Problem zu Andreas — sicher ein Zeichen für dessen gesundes Urteil. Andreas teilt den Zweifel von Philippus nicht. Die Erinnerung an die warmherzige Aufnahme, die er bei Jesus erfahren hatte, war noch frisch in seinem Gedächtnis. Er war zuversichtlich im Blick auf die Bereitschaft Jesu, solchen zu begegnen, die mit suchenden Herzen zu ihm kamen.

Zusammen mit Philippus stellte er also die Griechen Jesus vor. Es war ein bedeutsamer Augenblick, und vielleicht war es Andreas und nicht Paulus, der die ersten Zeichen der Ernte unter den Heiden sah. «Jesus war der Retter der Welt, und diese Schar von Heiden repräsentiert symbolisch die Welt, die ihr Heil bei Jesus sucht.»[4]

Beachtet werden sollte auch, daß es dieser in seinem Verhalten bewiesene geistliche Durchblick von Andreas war, der zum Anlaß für das Gleichnis vom Weizenkorn mit seiner Vorschau auf die letzte, weltweite Ernte des Himmelreiches wurde (Joh. 12,24).

Die letzte uns berichtete Begebenheit in der Laufbahn des Andreas macht uns mit einem weiteren Charakterzug von ihm bekannt — seiner Wißbegierde. Es war anläßlich eines vertraulicheren Zusammenseins mit seinen drei Freunden und dem Meister (Mark. 13,1-4). Der Dienst des Herrn neigte sich seinem Ende entgegen, und als die Apostelschar sich vom Tempel entfernte, machte einer von ihnen Jesus auf die mächtigen Steine des Gebäudes aufmerksam.

Zu ihrer Überraschung antwortete Jesus mit einer Weissagung über die Zerstörung des Tempels. «Siehst du diese großen Bauten? Nicht ein Stein wird auf dem andern bleiben, der nicht zerbrochen werden wird.»

Diese revolutionäre Feststellung löste bei den Jüngern ein Diskutieren und Fragen aus. Andreas und seine Freunde hatten genügend Grund zu Besorgnis, konnten doch die Worte Jesu als Verrat gedeutet werden — was dann später ja auch der Fall war.

Was hatte diese rätselhafte Feststellung zu bedeuten? Die vier Männer beschlossen, privat mit Jesus über ihr Problem zu sprechen. Sie wollten mehr über den Zeitpunkt und die Umstände dieses Geschehnisses erfahren. «Sage uns, wann wird das geschehen? Und was wird das Zeichen für dein Kommen und für das Ende der Welt sein?» (Matth. 24,3). Ihre Frage öffnete den Weg für die große prophetische Ankündigung Christi, die den Schlüssel zu aller nichterfüllter Prophetie bildet. Er hat die Antwort und wird auf alles ehrliche Fragen antworten.

Den letzten Blick auf Andreas erhaschen wir im Obersaal, wo er zusammen mit den anderen auf die verheißene Pfingstgabe wartete. «Diese alle waren stets beieinander einmütig im Gebet zusammen mit den Frauen und Maria, der Mutter Jesu, und seinen Brüdern» (Apg. 1,14). Dem Befehl des Herrn gehorchend, hatte er Anteil an der pfingstlichen Ausgießung, in deren Kraft sein erster Bekehrter eine Predigt hielt, durch die dreitausend Seelen zum Heiland geführt wurden.

Eine Charakterwertung

Angesichts dieser Begebenheiten vermögen wir nun eine Wertung von Andreas' Charakter vorzunehmen. Obwohl er aus derselben Familie wie Petrus stammte, haben sich wohl selten Brüder in ihrem Temperament so wenig geglichen wie diese beiden. Wenn Petrus der typische Extremist war, so stellte Andreas den typischen *vorsichtigen Konservativen* dar. Es war nicht von ungefähr, daß Schottland nicht Petrus, sondern Andreas zum Schutzheiligen erwählte!

Aber das konservative Temperament hat seine eigenen Schwächen. Ein Übermaß an Vorsicht verleitet dazu, neue Initiativen abzuwürgen. Man bleibt lieber beim alten, anstatt sich auf Abenteuer einzulassen. Ein alter Geistlicher brachte eine typisch konservative Auffassung zum Ausdruck, als er erklärte, daß, wenn er durch Gottes Gnade je etwas Gutes vollbracht habe, dies durch «Zurückhalten» geschehen sei.[5] Diese Art ist nicht ausgestorben.

Ein Freund des Autors, der eine wichtige Stellung in der evangelikalen Welt bekleidet und Bedeutendes geleistet hat, war bei einem Rückblick auf sein Leben überrascht, zu entdecken, daß er seine größten Fehler als Folge fehlenden Wagemuts begangen hatte. Das ist eine der Gefahren des vorsichtigen Konservativen.

Was seine *Motivation* betrifft, so war Andreas kein Postenjäger. Er gehörte zu der raren Menschengattung jener, die die schwere Kunst beherrschen, die zweite Geige gut zu spielen. Sein bescheidenes Einverständnis, neben seinem brillanten Bruder eine untergeordnete Rolle zu spielen, spricht für seine Demut. Im ganzen Bericht findet sich kein einziger Hinweis darauf, daß er gerne ins Rampenlicht oder an die Stelle von Petrus getreten wäre.

Es war sicher nicht leicht, lediglich als Bruder von Simon Petrus bekannt zu sein, wie manch ein anderer Bruder entdeckt hat. Die meisten von uns möchten selbst einen Namen haben. Es muß auch nicht besonders angenehm gewesen sein zu fühlen, daß er nicht die Vertrautheit mit Jesus besaß, die seine drei Freunde hatten. Er gehörte zu der auserlesenen Gesellschaft jener, die das Lob verdienen: «Wer sich selbst beherrscht, (ist) besser als einer, der Städte gewinnt» (Spr. 16,32). Er war es zufrieden, einfach er selbst zu sein, ein gewöhnlicher Mensch.

Entschlußkraft war eine weitere seiner Eigenschaften. Er fand es nicht schwer, sich zu entscheiden, sobald er sich seiner Sache sicher war, und hatte er sich einmal entschieden, so gab es kein Zurück mehr. Als Johannes der Täufer Jesus als den Messias identifizierte, verlor Andreas keine Zeit und folgte ihm nach. Als Jesus ihn später persönlich berief, verließ er ohne Argument und Zögern seine Netze und folgte ihm. Als Philippus mit dem Problem der suchenden Griechen zu ihm kam, führte Andreas sie prompt zu Jesus. Als das Problem mit der hungrigen Menschenmenge auftauchte, handelte er als einziger. Ein Mann klarer Entschlüsse.

Auch *Zivilcourage* fehlte ihm nicht. Er bewies diese Eigenschaft schon zu Anfang seiner Nachfolge, indem er in seiner eigenen Familie Zeugnis gab — sicher nicht das leichteste Milieu dafür. Man hat es ihm als Familiendünkel ausgelegt, daß er zuerst an seine eigene Familie dachte; aber war das für ihn nicht ebenso die erste Pflicht wie für uns? Er mußte einfach von seiner großen Entdeckung erzählen — und wer hatte einen größeren Anspruch darauf als sein eigener Bruder und Geschäftspartner?

Er legte auch Mut an den Tag, indem er die Griechen unterstützte, als sie um ein Interview mit Jesus baten. Er wußte, daß seine orthodoxen Brüder die Griechen als «heidnische Hunde» betrachteten, und indem er sich mit den Fremden indentifizierte, forderte er das rassische Vorurteil seiner Gefährten heraus. Aber Treue zu Jesus bedeutete ihm mehr als ihr Mißfallen. Er war bereit, mißverstanden zu werden, während er Neuland betrat — die Anerkennung verachteter Heiden als mögliche Empfänger der göttlichen Gnade.

Gemäß der Tradition bewies Andreas großen Mut, indem er die Gute Nachricht zu den barbarischen Skythen brachte, von denen Josephus sagte, sie unterschieden sich kaum von wilden Tieren. Dennoch führte Andreas sie — was nicht gerade vielversprechend war — zu Jesus. Die Überlieferung will auch wissen, daß er in Achaja getötet wurde, festgenagelt an einem Kreuz mit gleich langen Armen, das heute seinen Namen trägt — Andreaskreuz.

Ein gewöhnlicher Mensch? Ja, aber aufgrund seiner Liebe und Treue zu Christus ein Mensch von bleibendem Einfluß. Ein gewöhnlicher Mensch von durchschnittlichen Fähigkeiten, ohne außergewöhnliche Gaben, aber von festem Charakter. Obgleich er keine weltbewegenden Leistungen aufzuweisen hatte, hinterließ er jedoch der Nachwelt seine Spuren durch sein treues Zeugnis und seinen selbstlosen Dienst. Die Welt braucht mehr von solchen gewöhnlichen Menschen!

Kapitel 14

Thomas —
der leidenschaftliche Bekenner

... so werde ich's nicht glauben ...
Mein Herr und mein Gott! (Joh. 20,24.28)

«Von allen Männern des Meisters ist Thomas derjenige, dem im allgemeinen am wenigsten Gerechtigkeit widerfahren ist. Am meisten hat ihn bekannt gemacht, was wir als seine Fehler ansehen. Wo sein Name genannt wird, identifiziert man ihn gewöhnlich als 'ungläubigen Thomas'. Man könnte ihm in diesem Sinne eine gewisse Achtung versagen, würde er nicht in der Auferstehungsgeschichte zusammen mit dem Meister genannt.»[1]

J. Stuart Holden

Bezugsstellen: Matthäus 10,3; Markus 3,18; Lukas 6,15; Johannes 11,16; 14,5; 20,24-29; Apostelgeschichte 1,13.

In unserer Zeit mit ihrem weitverbreiteten Zweifel und Zynismus wird vielen die Tatsache Mut machen, daß Jesus unter seinen sorgfältig von ihm ausgesuchten zwölf Jüngern einen hatte, dessen Name zum Synonym für Zweifel geworden ist. Es läßt sich wohl nicht anzweifeln, daß einer der Gründe für diese Wahl darin bestand, daß andere Jünger späterer Generationen, die auch von Zweifel geplagt sind, Hilfe erfahren sollten.

Wie sollen wir uns Thomas vorstellen? Als kläglichen Zweifler oder als leidenschaftlichen Bekenner? Einen Hinweis haben wir in der Einstellung Jesu zu den Menschen. Als Andreas ihm Petrus vorstellte, waren seine ersten Worte: «Du bist Simon ... du sollst Kephas heißen (das bedeutet: Fels).» «Du *bist* ... du *sollst heißen*» (Hervorhebung vom Verfasser).

Jesus sah immer das Beste, das unter Gott aus den Menschen werden könnte und sollte. Er sah die verborgenen Möglichkeiten in ihnen.

Verborgene Möglichkeiten

Das Wortspiel des Herrn mit dem Namen des Petrus war kein bedeutungsloser Scherz, sondern eine Anerkennung und eine Weissagung. *Kephas* war das aramäische Wort für *Petrus*. *Petra* bezeichnet einen massiven Felsblock, nicht einen kleinen Stein. Indem er Petrus einen «Fels» nannte, wollte er ihm die Zusicherung geben, daß er aus ihm, der jetzt noch unbeständig war, einen Charakter, so beständig wie ein Fels, formen würde.

Und sollten wir bei unserer Einschätzung von Thomas dem Zwilling eine weniger großzügige Haltung einnehmen? Wie zu Petrus, so hätte Jesus auch ebensogut zu Thomas sagen können: «*Du bist* der temperamentvolle Thomas, der chronische Kleingläubige; aber in meinen formenden Händen *wirst du* Thomas, der unvergleichliche Bekenner, *werden*.»

Das Bild von Thomas in der Bibel ist das eines typischen Melancholikers, dem es ungeheuer leicht fällt, die dunkle Seite der Dinge zu sehen und Schwierigkeiten heraufzubeschwören. Er neigt dazu, eine düstere Möglichkeit als eine Gewißheit zu betrachten. Das Vertrauen und der optimistische Ausblick eines Kindes waren seinem Wesen fremd.

Obwohl er ein warmes und leidenschaftliches Herz besaß, neigte er dazu, sich von der grüblerischen Seite seines Wesens überrunden zu lassen. Die Folge davon war der Hang zu Argwohn und Mißtrauen.

Von Natur aus war er debattierfreudig und verlangte für alles einen Grund zu wissen. Beweise aus zweiter Hand genügten ihm nicht. Er war der vorsichtige Menschentyp, der keinen Versicherungsvertrag unterschreibt, ohne das Kleingedruckte gelesen zu haben. Und wenn man zu allem noch ein Körnchen Widerspenstigkeit hinzufügt, dann weiß man, wo das Problem mit dem Temperament liegt.

Thomas würde sich selber nicht als Zweifler oder Ungläubigen beschrieben haben, sondern nur als Realisten, der ehrlich zu sich selbst sein muß. Und besaß er denn nicht das Recht, einen ausreichenden Beweis für seine Überzeugungen zu fordern? Seinem tieferen Empfinden entsprach die Vehemenz, mit der er seine Überzeugungen und Zweifel vertrat.

Drei Vorfälle werfen Licht auf sein Temperament und seine Einstellung und lassen uns die Faktoren interpretieren, die hinter seinem Hang zum Zweifeln steckten. Eine Prüfung dieser Begebenheiten ergibt, daß jedesmal dieselben Charakterzüge auftraten.

Der Bethanien-Vorfall (Joh. 11,6-16)

Die ernsthafte Erkrankung von Lazarus hatte eine akute Krise im Hause in Bethanien hervorgerufen. Im vollen Vertrauen, daß Jesus an ihre Seite eilen werde, sandten Martha und Maria eine Nachricht an Jesus mit der Bitte um Hilfe. Als er sie erhielt, äußerte er seine Absicht, nach Judäa zurückzukehren. Eingedenk der Gefahr, in welche Jesus dort vor kurzem geraten war, versuchten die besorgten Jünger, ihm davon abzuraten.

«Meister», protestierten sie, «eben noch wollten die Juden dich steinigen, und du willst wieder dorthin gehen?» Angesichts der Mordabsichten der Behörden schien diese Idee ein Wahnsinn zu sein.

Als Jesus auf seinem Vorhaben bestand und zu ihnen sagte: «Nun laßt uns zu ihm (Lazarus) gehen», da sagte Thomas mit bezeichnendem Pessimismus, aber ebenso typischer Ergebenheit zu seinen Mitjüngern: «Laßt uns mit Jesus gehen, um mit ihm zu sterben!»

Er konnte nur einen Ausgang dieses tollkühnen Wagnisses erkennen. Zweifel hat ein kurzes Gedächtnis, und Thomas hatte vergessen, wie Jesus sich bei früheren Gelegenheiten seinen Widersachern entzogen hatte.

Aber trotz seiner Befürchtungen wollte er bis zum Letzten beim Meister bleiben. Wenn er wirklich sterben sollte, so starb er wenigstens nicht allein! Vielleicht sollten wir, anstatt über seinen Pessimismus zu lächeln, nach der gleichen Treue trachten, die sich größer als seine Zweifel erwies.

Der Obersaal-Vorfall (Joh. 14,1-6)

Es war in der Nacht des Verrats, und Jesus öffnete seinen geliebten Jüngern sein Herz. Er bereitete sie auf seinen Weggang vor.

«Ich gehe hin, um die Stätte für euch bereitzumachen. Wenn ich nun hingehe ... will ich wieder kommen und euch zu mir nehmen, damit ihr seid, wo ich bin. Und wo ich hingehe, den Weg dahin wißt ihr.»

Da unterbrach ihn Thomas brüsk: «Herr, wir wissen nicht, wo du hingehst; wie können wir dann den Weg wissen?» Es war, als tadelte er den Herrn dafür, daß er zuviel voraussetzte.

Für Thomas waren die Worte Jesu unvernünftig, wenn nicht sogar unwahr, und das war eine für Thomas typische Reaktion. Wie konnten sie den Weg wissen, wenn Jesus ihnen nichts Genaueres darüber gesagt hatte? Vielleicht bedeutete sein Ausbruch eine echte Verwirrung, vielleicht brachte er auch das zum Ausdruck, was die andern Jünger empfanden.

Jesus hätte ihn ohne weiteres für diese Unterbrechung tadeln können, aber statt dessen brachte er ihm Verständnis entgegen, ja mehr noch, er gab ihm Auskunft, um die er den Meister gar nicht gefragt hatte.

Wir sollten Thomas dankbar sein, denn dieser Vorfall gab Anlaß zur größten und gewichtigsten philosophischen Aussage aller Zeiten: «Jesus sprach zu ihm: Ich bin der Weg und die Wahrheit und das Leben; niemand kommt zum Vater denn durch mich» (Joh. 14,6).

In dieser Feststellung beansprucht Jesus für sich, der *Weg zu Gott*, die *Wahrheit über Gott* und das *Leben Gottes* zu sein. Er zeigt uns nicht nur den Weg zu Gott, sondern ist selber der Weg. Er lehrt nicht nur die Wahrheit, er *ist* die Wahrheit. Er teilt nicht nur Leben mit, er *ist* das Leben.

Der nachösterliche Vorfall (Joh. 20,24-29)

Thomas war als einziger Jünger nicht anwesend, als der auferstandene Herr an jenem ersten Tage der Woche mitten unter den verängstigten Jüngern im Obersaal auftauchte. Uns wird nichts darüber gesagt, warum er sich abgesondert hatte, wir sind nur auf Mutmaßungen angewiesen.

Vielleicht hilft uns das Wissen um sein Temperament und seine Auswirkung bei ihm einen Schritt weiter. Hatte er sich mit seiner Verzweiflung in die Einsamkeit geflüchtet? Gab er sich als Melancholiker einsamer Trauer hin? War er verzweifelt darüber, daß er seinen Meister in der Stunde der Not im Stich gelassen hatte? Vielleicht hatte ihn der Kummer so überwältigt, daß er die Gegenwart seiner robusteren Kameraden einfach nicht ertragen konnte.

Selbstauferlegte Isolation

Was immer auch der Grund war, durch seine selbstauferlegte Isolation war er jedenfalls nicht bei der Begegnung der Jünger mit Jesus dabei. Er versäumte es, persönlich den Aussendungsbefehl Jesu zu empfangen: «Wie mich der Vater gesandt hat, so sende ich euch.» Er verpaßte den Odem des Geistes, als Jesus «sie anblies und zu ihnen sagte: Nehmt den heiligen Geist ...»

Als seine Brüder ihm aufgeregt erzählten: «Wir haben den Herrn gesehen!» war Thomas verzweifelt. Hatte Jesus ihn übergangen? Was immer er auch dachte — er rief aus: «Solange ich nicht in seinen Händen die Nägelwunden sehe und meine Finger hineinlege ... werde ich's nicht glauben!» Sein Zweifel war nicht von der Art, daß er nur darauf wartete, zerstreut zu werden, sondern es war ein Zweifel, den Thomas nur unter seinen eigenen Bedingungen aufgeben wollte.

Nun war Thomas weder Atheist noch Agnostiker. Er stand dem Übernatürlichen nicht skeptisch gegenüber. Die Auferweckung von Lazarus bedeutete kein Problem für ihn. Es handelte sich nicht um eine absolute Ablehnung der Auferstehungstatsache; er forderte jedoch einen unwiderlegbaren Beweis, ehe er sie akzeptierte. Er hatte die Echtheit seiner Liebe zu Jesus in der Bereitschaft, mit ihm zu sterben, unter Beweis gestellt, doch er mußte die Lektion lernen, daß es nicht an ihm war, dem Sohn Gottes Bedingungen zu stellen.

In unübertrefflicher Herablassung begegnete der Herr der Herrlichkeit dem widerspenstigen und bedrückten Thomas auf seine eigene Weise. Wieder waren die Jünger im Obersaal versammelt, als Jesus plötzlich «kam und trat mitten unter sie, obwohl die Türen verschlossen waren». Und während überraschtes Schweigen herrschte, wandte sich Jesus an den, der das letzte Mal nicht anwesend gewesen war.

Es ist eine ergreifende Tatsache, daß die zwei Jünger, denen der

Herr nach seiner Auferstehung seine besondere Aufmerksamkeit zuwandte, der größte Verleugner und der größte Zweifler waren. Er spezialisierte sich darauf, das zerknickte Rohr wieder aufzurichten und den glimmenden Docht wieder zur hellen Flamme anzuzünden.

Daß Jesus wußte, was Thomas gesagt hatte, wurde offenbar, als er ihn aufforderte: «Lege deinen Finger hierher und sieh meine Hände an, und gib deine Hand her und lege sie in meine Seite, und sei nicht ungläubig, sondern gläubig!» Kein Wort des Tadels, nur eine freundliche Aufforderung, den Unglauben aufzugeben, der ihn vom Segen ausschloß. Hinter dem Äußeren des Zweifels erkannte Jesus den Herzschlag der Liebe. «Hier ist der Beweis», schien er zu sagen. «Akzeptiere ihn und gib deine Zweifel auf.»

«Sei nicht ungläubig» trägt hier die Bedeutung: «*Werde* nicht ungläubig, sondern gläubig.» Die Implikation ist, daß wir entweder die Gewohnheit des Glaubens oder die Gewohnheit des Unglaubens hegen können, denn Glaube verlangt die Aktivität des Willens. Unglaube wird durch unsere Abkapselung von den Mitgläubigen genährt. Glaube aber wird genährt in der glaubenden Gemeinschaft mit Jesus in der Mitte. Hier hatte Thomas einen Fehler begangen.

Berührte Thomas die heiligen Wunden am Körper des Meisters tatsächlich? Forderte er in der lichtvollen Gegenwart Jesu noch weitere Beweise? Welch ein Sakrileg wäre das gewesen! Was brauchte es noch einen greifbaren Beweis, wenn er doch sichtbar lebendig und gegenwärtig war?

Dann setzte sich der wahre Thomas durch. Er jagte seine Zweifel davon und warf sich in äußerster Hingabe zu den nägeldurchbohrten Füßen. Seine Ungläubigkeit verschwand wie der Morgennebel. Er wagte den Sprung vom Zweifel in den Glauben hinein und bekannte voller Leidenschaft: «Mein Herr und mein Gott!»

Was hatte Thomas von seinem Unglauben befreit? Der Anblick des auferstandenen Heilands. Ein Blick genügte. Vorher wollte er sehen und fühlen, bevor er zufrieden sein würde. Jetzt war es nicht ein greifbarer physischer Beweis, sondern die Persönlichkeitsausstrahlung des Gottessohnes, die seinen Unglauben für immer verbannte und aus dem traurigen Zweifler einen leidenschaftlichen Bekenner machte.

Es liegt ein Trost in der Tatsache, daß das Bekenntnis des Erzzweiflers das umfassendste und edelste war, das je einer der Zwölfe abgelegt hat. Thomas war der erste, der Jesus Gott nannte. Als er zum Glauben durchdrang, formte sich das erhabenste Bekenntnis aller Zeiten in seinem treuen Herzen. Der größte Zweifler gelangte zum vollsten Glauben.

Wir sind gewohnt, seinen Unglauben groß herauszustreichen, aber was sagen wir über seinen Glauben? Sein Bekenntnis war in eine Sprache eingebettet, wie sie nur leidenschaftliche Liebe kennt, in die Sprache eines Menschen, der die Qual des Zweifels durchgemacht und einen kompletten Umschlag seiner Gefühle erlebt hatte. Jesus hatte sich als allwissend und allmächtig bewiesen, und Thomas verneigte sich in Anbetung und ehrfürchtigem Staunen vor seinem souveränen Herrn.

Die Seligpreisung eines nichtsehenden Glaubens

Thomas glaubte, weil er den von ihm geforderten Beweis erhalten hatte; aber der Herr war zu treu, um ihn einfach ziehen zu lassen, ohne eine wichtige Lektion zu beherrschen. Ganz freundlich sagte Jesus: «Weil du mich gesehen hast, Thomas, darum glaubst du. Selig sind, die nicht sehen und doch glauben!» Er betonte den besonderen Segen des Glaubens, der nicht auf das Sichtbare angewiesen ist. «Glaube, der dem Sehen entspringt, ist gut, aber Glaube, der dem Hören entspringt, ist das Beste.»[3]

Aus der Erfahrung des Thomas können wir viel lernen über die Weise, wie der Meister mit zweifelnden Herzen umging. Kein Gotteskind ist gegen die Verwüstungen des Zweifels immun. Auch nachdem man zu einem echten Glauben gekommen ist, ist es möglich, intellektuelle Probleme zu haben.

Aber Jesus schloß den Zweifler nicht vom Apostelamt aus. Er machte ihm auch keine Vorwürfe wegen seiner melancholischen Veranlagung. Der Herr schalt ihn auch nicht, weil er einen Beweis als Grundlage für seinen Glauben forderte, denn er wußte, daß es sich hier nicht um den Unglauben eines Atheisten oder Agnostikers handelte, sondern um den Zweifel einer ringenden Seele.

Erzbischof William Temple schreibt: «Eine solche Vitalität des Unglaubens verrät ganz einfach einen starken Drang zum Glauben, der durch Menschenverstand und die Angst vor Desillusion unterdrückt wird.»[4]

Das intellektuelle Klima unserer Zeit hat das Fragezeichen in die Kategorie einer absoluten Tugend erhoben. Die Neigung besteht, den Glauben zu kreuzigen und den Unglauben zu kanonisieren. Nicht das Wort: «Ich glaube», sondern das Wort: «Ich zweifle» ist «in». Aber eine solche Einstellung findet keinen Rückhalt in der Lehre Jesu.

Zweifel ist kein Zeichen von Überlegenheit, Christus setzt keinen Preis für intellektuelle Unehrlichkeit aus, aber er deutet auch nirgends an, daß der Zweifel eine Tugend sei. Die Seligpreisung gilt jenen, die glauben, nicht jenen, die zweifeln.

Es besteht ein gewaltiger Unterschied zwischen einem «bösen, ungläubigen Herzen» und den Zweifeln von einem, der schwach im Glauben ist, zwischen arrogantem Unglauben und dem empfindsamen Fragen eines aufrichtigen, jedoch zaudernden Herzens. Das Zweifeln des letzteren ist eine bedauernswerte Schwachheit, aber das des ersteren ist ein Affront gegenüber Gott.

Wenn ungläubige Nörgler ein Zeichen verlangten, lehnte Jesus prompt ab. «Dies böse und abtrünnige Geschlecht fordert ein Zeichen, aber es wird ihm kein anderes Zeichen gegeben werden als das Zeichen des Propheten Jona» (Matth. 12,39). Doch als Thomas nicht nur hören, sondern auch sehen und fühlen wollte, begegnete ihm Jesus verständnisvoll in seiner Schwachheit.

Die Seligpreisung eines nichtsehenden Glaubens durch Jesus bedeutet nicht ein Lob auf Leichtgläubigkeit und Naivität. Er unterstützt nicht einen Glauben, der nicht fragt und überlegt, aber er weist auf die Notwendigkeit eines Glaubenssprungs hin. Auf die Frage, was Jesus mit glauben ohne sehen meint, lautet die Antwort wahrscheinlich, mit weniger als einer absoluten Demonstration zufrieden sein. Mit anderen Worten: Es bedeutet, bereit zu sein, den entscheidenden Schritt zum Glauben an den auferstandenen und lebendigen Christus zu tun.

Gott kann auch, wie im Falle von Thomas, den Zweifel zum Guten gebrauchen. Der Unglaube von Thomas war es, der den Anlaß zur neunten Seligpreisung gab. Wenn ein Zweifler zum Glauben kommt, so glaubt er das, was er vorher bezweifelt hatte, jetzt um so fester.

Gemäß der Tradition hat Thomas das Evangelium nach Persien, Indien und China gebracht. Der Autor hatte das Vorrecht, Christen zu predigen, die den Ursprung ihrer Kirche auf Thomas, den leidenschaftlichen Bekenner, zurückführen.

Kapitel 15

Martha und Maria — Temperament oder Unbeherrschtheit?

Maria setzte sich dem Herrn zu Füßen und hörte seiner Rede zu. Martha aber hatte alle Hände voll zu tun. (Luk. 10,39 f.)

«Es ist unnötig, vom Verhalten dieser feinen Frauen Glaubensbekenntnisse oder Lehren ableiten zu wollen. Sie illustrieren auf wunderbare Weise die verschiedenen Reaktionen, die bei Männern und Frauen biblischen Wahrheiten gegenüber anzutreffen sind. Beide fühlten sich zu Christus hingezogen, aber sie reagierten unterschiedlich. Persönlichkeit ist auch auf religiösem Gebiet ein Begriff. Die Leute sehen beim Anblick desselben Gegenstandes nicht unbedingt das gleiche und denken über die gleichen Dinge auch nicht immer dasselbe.»[1]

A. T. Robertson

Bezugsstellen: Matthäus 26,6-13; 27,61; 28,1; Markus 14,3-9; Lukas 10,38-42; Johannes 11,1-45.

Martha und Maria sind in den Evangelien so eng miteinander verknüpft, daß es schwerfällt, an die eine ohne an die andere zu denken. Sie erscheinen zusammen in drei anschaulichen und bewegenden Szenen.

Die erste wird von Martha, der Gastgeberin bei sich daheim, beherrscht. In der zweiten sind sie durch ihren Kummer miteinander verbunden. In der letzten leuchtet Marias hingebungsvolles Verhalten wie ein heller Stern.

Ein Mann wurde einst gefragt, wen er vorziehe, Martha oder Maria. Augenzwinkernd antwortete er: «Vor dem Essen gefällt mir Martha am besten und nach dem Essen Maria.» Seine Antwort enthielt mehr als ein Körnchen Wahrheit und Weisheit, denn wer ein gutes Essen wünscht, der würde wahrscheinlich Marthas Tisch vorziehen. Marias Hauptinteressen lagen nicht in der Küche.

Das Haus in Bethanien gehörte Martha (Luk. 10,38), woraus sich schließen läßt, daß sie Witwe war. Mit ihr zusammen wohnten Maria, ihre unverheiratete Schwester, und Lazarus, ihr Bruder und ebenfalls ledig. Daß die Familie in guten Verhältnissen lebte, geht aus ihrer gesellschaftlichen Beliebtheit hervor, denn «viele Juden waren zu Martha und Maria gekommen, um sie wegen ihres Bruders zu trösten». Auch die kostbare Nardensalbe, mit der Maria Jesus salbte, weist darauf hin.

Martha und ihre Geschwister stellten ihr nettes Heim dem Meister zur Verfügung. Es erwies sich für ihn als eine Oase in der ungastlichen Wüste von Sünde und Feindschaft — davon bekam er zunehmend zu verspüren. Obwohl er Gottessohn war, war er doch auch Menschensohn und wußte die Gastfreundschaft und Freundlichkeit seiner Freunde zu schätzen. Wie gerne kam er wohl in ihr Haus und entspannte sich in ihrer Gesellschaft, denn «Jesus hatte Martha lieb und ihre Schwester und Lazarus» (Joh. 11,5).

Während die Anwesenheit des Herrn in ihrem Hause ihnen einerseits viel Freude und Bereicherung brachte, bedeutete sie andererseits aber auch einen Prestigeverlust, mußten sie doch seine wachsende Unpopularität teilen. Nach der Auferweckung des Lazarus wurde dessen Verbindung mit Jesus zu einer Bedrohung für die Behörden, so daß diese sich verschworen, sowohl ihn wie auch Jesus zu töten.

Anhand von Martha und Maria läßt sich eine faszinierende Studie über die Rolle des Temperaments innerhalb des Glaubens durchführen, denn beide weisen eine starke Individualität auf. Schwierige Probleme in der Gemeinde haben meistens ihre Ursache gerade in solchen Temperamentsunterschieden, besonders wenn noch Intoleranz und Mangel an Verständnis mit im Spiel sind. Wie die Menschen auf dieselbe Situation oft verschieden reagieren, so reagierte auch jede Schwester anders auf die Gegenwart des Herrn. Es gibt Leute, die können nicht anders, als lenkend in das Leben anderer einzugreifen, und Martha war eine von diesen.

Marthas Festessen

Wir begegnen den Schwestern das erste Mal in Marthas Heim. Sie hatte zu Ehren ihres geliebten Gastes eine besondere Mahlzeit bereitet. Zweifellos waren auch seine Jünger dazu eingeladen, waren sie doch vor- und nachher bei ihm. Offensichtlich waren es Köstlichkeiten, die sie auftischte, denn «Martha hatte alle Hände voll zu tun» (Luk. 10,40) — so etwas ist auch heutigen Gastgeberinnen nicht unbekannt.

Doch während Martha in der Küche geschäftig war und verschiedene leckere Speisen zubereitete, weilte Maria bei Jesus im Zimmer und trank die Weisheitsworte in sich hinein, die von seinen Lippen kamen.

Unterdessen staute sich etwas in der Küche an. Plötzlich platzte Martha zu Jesus und Maria hinein und explodierte: «Herr, fragst du nicht danach, daß mich meine Schwester allein dienen läßt? Sage ihr doch, daß sie mir helfen soll!»

Mit welchem Bedauern muß Martha wohl in späteren Tagen auf ihre Grobheit gegenüber dem Herrn der Herrlichkeit zurückgeblickt haben! Sie wünschte, sie hätte sich lieber die Zunge abgeschnitten, bevor sie auf diese Weise den so anfuhr, der ihr so viel bedeutete. Aber ihr unkontrolliertes Temperament fand in ungezügelter Unbeherrschtheit seinen Ausdruck.

Sie hatte sicher recht, daß die Hausarbeit unter beide Schwestern aufgeteilt werden sollte, und ziemlich wahrscheinlich neigte Maria dazu, ihrem besinnlicheren Temperament nachzugeben, was zu einer Vernachlässigung der gewöhnlicheren Hausfrauenarbeit führte. Aber das rechtfertigte nicht den Tadel, den Martha dem Herrn erteilte.

Jesus machte Martha keinen Vorwurf, daß sie eher praktisch als besinnlich veranlagt war. Er selbst hatte sie so geschaffen. Hatte er nicht selber an einer Hobelbank gearbeitet?

Marthas Arbeit als Gastgeberin war sowohl notwendig wie auch geschätzt, aber durch die Art und Weise, wie sie es tat, beging sie drei Fehler.

1. Sie vergaß sich so sehr, daß sie den Herrn tadelte.

2. Sie faßte Marias Hingabe an Christus als selbstsüchtige Faulheit auf und verachtete sie wegen ihrer unpraktischen Verträumtheit.

3. Sie war so besessen von dem Gedanken, ihren Gästen ein Schlemmermahl vorzusetzen, daß sie die Gemeinschaft mit dem vernachlässigte, der ihrer Seele zu essen gegeben hätte.

Kochen oder Gemeinschaft?

Jesus hätte ihre Gesellschaft dem üppigen Mahl vorgezogen und machte ihr das auch klar, als er sie freundlich schalt: «Martha, Martha, du hast viel Sorge und Mühe. Eins aber ist not» (V. 41).

Manche glauben, daß Jesus damit sagen wollte: Auch nur ein einziger Gang hätte vollkommen genügt und ihr genug Zeit gelassen, sich zusammen mit Maria zu seinen Füßen zu setzen. Etwas weniger Aufwand an Essen und Arbeit hätte gute geistliche Zinsen gebracht.

Trotz Marthas gereiztem Protest weigerte sich Jesus, Maria zu schelten oder in die Küche zurückzuschicken. Ohne Marthas Liebesmühe unterzubewerten, machte Jesus ihr klar, daß der Mensch nicht vom Brot allein lebt. Er hieß sie auch nicht das gleiche wie Maria tun. Aber er lobte Maria für ihre weise Prioritätenwahl: sie setzte die wichtigsten Dinge an die erste Stelle — zuerst das Geistliche, dann das Zeitliche. «Maria hat das gute Teil gewählt; das soll nicht von ihr genommen werden» (V. 42).

Gott gab jeder Schwester — wie jedem von uns — gerade die Talente, mit deren Hilfe sie am besten ihren Aufgaben im Reich Gottes nachkommen konnten. Keine brauchte die andere zu beneiden oder zu kritisieren, nur weil ihre Hingabe an Christus sich auf andere Art zeigte.

Viel Unvereinbarkeit kommt von dem Drang her, andere Menschen nach unserem Bild formen zu wollen. Voraussetzung für ein harmonisches Verhältnis zwischen Menschen verschiedenartigen Temperaments und Hintergrunds ist Toleranz, Verständnis sowie die Freiheit, die eigene Persönlichkeit ohne unausgesprochene Mißbilligung zum Ausdruck bringen zu können.

Die Lehren, die sich aus diesem Vorfall ergeben, sind klar und wichtig. Wir können sicher dem Fleiß und der gastlichen Einstellung Marthas nacheifern, aber das darf nicht auf Kosten des Jesus-zu-Füßen-Sitzens gehen. Bruder Lorenz lernte die ideale Balance zwischen Hingabe und Pflicht bei der Plackerei in der Klosterküche, und das Ergebnis seiner Erfahrung war der zeitlose Klassiker «Die Praxis der Gegenwart Gottes». Eine andere Lehre ist die, daß es möglich ist, brennend im Geiste zu sein, ohne seine Alltagsarbeit zu vernachlässigen.

Es ist interessant, festzustellen, daß bei einer anderen Gelegenheit die Rollen der Schwestern vertauscht waren und Martha so reagierte, wie wir es von Maria erwartet hätten. Bei der von uns soeben betrachteten Begebenheit war es Maria, welche die Gemeinschaft mit dem Herrn suchte. Aber als Lazarus starb und der Kummer sie überwältigte, war es Martha, welche Jesus entgegenging, während Maria daheim blieb.

Reden und Weinen

Die zweite Begebenheit zeigt uns die Schwestern von unerwartetem Leid heimgesucht.

Als Lazarus ernsthaft erkrankte, wandten sie sich unverzüglich an den großen Arzt, im vollen Vertrauen darauf, daß er an ihre Seite eilen würde. Aber die Tage vergingen, ohne daß er kam, und so mußten sie die qualvolle Erfahrung machen, ihren Bruder zu verlieren. Die unerklärliche Gleichgültigkeit Jesu verwirrte und betrübte sie.

Als er endlich kam und Martha ihm zur Begrüßung entgegenging, warf sie ihm vor: «Herr, wärst du hier gewesen» — wärest du auf unsere Bitte hin gekommen, anstatt oben im Norden zu bleiben — «mein Bruder wäre nicht gestorben» (V. 21).

Aber ihr Glaube war stark, und der erste Hinweis auf eine mögliche Auferweckung kam von der praktischen Martha. Ihr Gespräch mit Jesus gipfelte in dem großartigen Bekenntnis: «Ja, Herr, ich glaube, daß du der Christus bist, der Sohn Gottes, der in die Welt gekommen ist» (V. 27).

Als Jesus zu Maria kam, äußerte sie die gleichen kummervollen Worte wie Martha und brach dann in Tränen aus. Mit Martha hatte Jesus die Sache durchsprechen können, aber Maria war dazu nicht fähig. Wie behandelt er sie in ihrem Kummer! «Und Jesus kamen die Tränen» (V. 35) — Tränen echter Liebe und Sympathie.

Mit welch einem tiefen Verstehen diente er ihnen doch entsprechend ihren Bedürfnissen und ihrem Temperament! Er sprach die Sache mit der logischen Martha durch. Er weinte mit der gefühlsbetonteren Maria. Er hat auch nicht weniger Verständnis für unser eigenes Temperament.

Simons Festmahl

Es war die Osterwoche. Die langerwartete «Stunde» nahte schnell heran. Der dankbare Simon — ein Aussätziger, den Jesus geheilt hatte — lud Jesus und seine Jünger zu einem Festmahl ein. Zur gleichen Zeit wie dieses frohe Zusammensein trafen sich übrigens auch die religiösen Führer im Hause von Kaiphas, um den Tod Christi zu beschließen (Matth. 26,4).

Unter den eingeladenen Gästen Simons befand sich auch das Trio aus Bethanien. Die Vermutung ist geäußert worden, Simon sei vielleicht der Vater der drei gewesen, der wegen seines Aussatzes getrennt von ihnen leben mußte. Martha spielt ihre gewohnte Rolle als Gastgeberin, aber es ist Maria, die den Mittelpunkt des Bildes darstellt.

Während sie zu Tische lagen, sah Maria eine einzigartige Gelegenheit, etwas zu tun, worauf sie schon lange gewartet hatte. Es war keine unüberlegte Handlung, zu der sie sich anschickte. In einem passenden Moment holte sie ihren kostbarsten Besitz hervor — eine wunderschöne Alabastervase mit «einem Pfund Salböl aus unverfälschter, kostbarer Narde.»

Anstatt einige Tropfen des teuren Inhalts auszugießen, zerbrach sie das schöne Gefäß und goß alles Öl über Jesus aus — ein Ausdruck ihrer tiefen persönlichen Zuneigung und Ergebenheit.

Johannes hebt den Wert der Gabe hervor. Judas, der Schatzmeister, schätzte sie auf dreihundert Silbergroschen — das war der Gegenwert von dreihundert Arbeitstagen. Die reine Narde, die das Öl so wertvoll machte, stammte von einem seltenen aromatischen Busch, der hoch oben im unzugänglichen Himalaya wuchs. Mit Öl salben war eine verbreitete Praxis im Orient, aber solch ein parfümiertes Öl war nur den Königlichen oder Reichen vorbehalten.

Es ist problematisch, die Begebenheiten, bei denen Jesus gesalbt wurde, zu identifizieren. Vielleicht sollte man sie am besten als verschiedene, wenngleich ähnliche Vorkommnisse betrachten. Die Tatsache, daß in einem Bericht Maria das Haupt des Herrn salbt, in einem anderen jedoch seine Füße, sollte nicht als Widerspruch angesehen werden. In Matthäus 26,12 und Markus 14,8 sagt Jesus selbst, daß sie seinen Leib gesalbt hat. Das besagt, daß das über seinem Haupt entleerte Öl auch auf seine Füße gegossen wurde — ein Pfund ist eine Menge Öl! Bestand in ihrem Denken eine Verbindung zwischen ihrer Handlung und Psalm 133,2? «Es ist wie das feine Salböl auf dem Haupte ..., das herabfließt in seinen Bart, das herabfließt zum Saum seines Kleides.»

Daß Maria seine Füße mit ihrem Haar trocknete, war ein Akt tiefer Demut und Selbsterniedrigung. Die Füße zu pflegen war Sklavenarbeit, und gemäß orientalischer Sitte öffnete eine Frau ihr Haar nie in der Öffentlichkeit. Aber Marias Liebe setzte sich über eine solche gesellschaftliche Restriktion hinweg. Sie netzte seine Füße mit ihren Tränen und trocknete sie in selbstvergessender Liebe mit ihrem Haar.

Die unwilligen Jünger

Wie betrachteten die Jünger ihre Tat? Sie wurden «unwillig» und «schimpften über sie» (Mark. 14,4 f.). Judas Ischarioth warf ihr Verschwendung vor: «Was soll diese Vergeudung des Öls?» (Er hatte nicht lange gebraucht, um die zur Diskussion stehende Summe auszurechnen!) «Man hätte dies Öl ja auch für mehr als dreihundert Silbergroschen verkaufen und das Geld den Armen geben können.»

Diesen Vorschlag machte er nicht etwa aus Menschenliebe, denn Johannes setzt erläuternd hinzu: «Das sagte er aber nicht, weil er nach den Armen fragte, sondern er war ein Betrüger; denn er hatte die Kasse und unterschlug das eingelegte Geld» (Joh. 12,6). Hatte die Selbstlosigkeit von Marias schöner Tat ihn so in seiner Habgier getroffen, daß er seinen Protest nicht zurückhalten konnte?

Lieblose Herzen fühlen sich durch den Überschwang der Liebe immer getroffen und in Verlegenheit gebracht. Sie geben sich Mühe, abzuschätzen, wie wenig es auch täte. Kalte und berechnende Liebe mißt jeden kleinen Tropfen ab. Liebe wie die von Maria zerbricht das Gefäß und gießt alles auf die Füße ihres Herrn. Gewiß, ein paar Tropfen hätten auch genügt, um der Sitte zu entsprechen, aber hätte sie das getan, würde ihre Geschichte niemals zwei Jahrtausende überlebt oder unzählige Tausende zu ähnlichen opfervollen Liebestaten inspiriert haben.

Wir müssen uns davor hüten, alles nur vom Nützlichkeitsstandpunkt aus zu bewerten. Hüten wir sorgsam unseren Schatz oder schütten wir ihn verschwenderisch vor unserem Meister aus? Erweisen wir unsere Wohltaten dem Herrn erst so spät wie ein Joseph von Arimathia, oder zerbrechen wir unser Alabastergefäß schon jetzt?

Judas hatte natürlich recht. Man hätte es verkaufen und den Erlös für die gute Sache der Armenfürsorge zur Verfügung stellen können. Man stelle sich vor, wieviel Gutes damit hätte getan werden können, anstatt es in einer einzigen Gefühlswallung zu verschwenden!

Aber Jesus lobt sie auf schöne und unvergleichliche Art und rechtfertigt ihre Handlung.

«Sie schimpften über sie. Jesus aber sagte: Laßt sie in Ruhe! Was macht ihr's der Frau so schwer? Sie hat ein gutes Werk an mir getan ... Sie hat getan, was sie konnte; sie hat meinen Leib im voraus für mein Begräbnis gesalbt.

Wahrlich, ich sage euch: Wo das Evangelium in aller Welt gepredigt wird, da wird man auch sagen, was sie jetzt getan hat, ihr zum Gedenken» (Mark. 14,5-9).

Obwohl diese Tat reiner und selbstvergessener Hingabe von anderen mißverstanden wurde, bedeutete sie für Jesus eine süße Erinnerung in den vor ihm liegenden prüfungsreichen Tagen. Und darüber hinaus haben in nachfolgenden Generationen ungezählte Tausende von Gläubigen Gott dafür gedankt, daß sie das Öl nicht verkauft und den Erlös den Armen gegeben hat.

Von allen, die Jesus nachfolgten, scheint Maria die einzige gewesen zu sein, die die tiefere und vollere Bedeutung der Hinweise Jesu auf seinen bevorstehenden Tod erkannt hatte. Auch andere bereiteten wohlriechende Öle und Salben zu für den Herrn, aber erst an jenem Ostertag und zu spät! Als sie sie zum Grabe brachten, war er nicht mehr da!

Maria beschloß, daß, wenn sie nicht sicher sein konnte, ob sie dem toten Leib des Herrn den letzten Liebesbeweis erzeigen könnte, sie es schon jetzt, wo er noch lebte, tun wollte. So etwas war an einem Lebenden nicht üblich, aber Jesus interpretierte die Liebestat der Maria in dieser Weise: «Sie hat meinen Leib im voraus für mein Begräbnis gesalbt.»

Maria zeigte ihre Liebe, als er noch lebte und ihre Wohltat empfinden konnte. Zu oft warten wir mit unseren Lobreden und Anerkennungen, bis es zu spät ist. Schöne Blumen beim Begräbnis sind ein armseliger Ersatz für die während Lebzeiten erwiesene Liebe.

Kapitel 16

Barnabas — mit Gott verwechselt

Und sie nannten Barnabas Zeus (Jupiter). (Apg. 14,12)

«Manche biblischen Gestalten erscheinen gerade dadurch sehr dramatisch, daß sie ohne Ankündigung auftauchen. Sie brechen über uns herein. Barnabas läßt unerwartet sein Licht in der Gemeinde aufleuchten wie eine Sonnenscheinflut. Und er war auch eine Verkörperung des Sonnenscheins.»[1]

Dinsdale T. Young

Bezugsstellen: Apostelgeschichte 4,36; 9,27; 11,22.25.30; 12,25; 13,1.2.7.43-50; 14,12.14; 15,2.12.22.25.36-39; 1. Korinther 9,6; Galater 2,1.9.13; Kolosser 4,10.

Mit obigen Worten stellt uns Dinsdale T. Young, der Meister des glücklich gewählten Ausdrucks, eine der gewinnendsten biblischen Gestalten vor. Auf den ersten Blick erscheint Barnabas als einfacher und unkomplizierter Mann. Aber gemessen an seinem Charakter und seinen Leistungen erweist er sich als von ungewöhnlichem Format, und sein schlichter Dienst übte einen auffallend weitreichenden Einfluß aus.

Wir entdecken in ihm eine ungewöhnliche Verbindung von Eigenschaften: klug und doch irgendwie einfältig; arglos und doch nicht ungebührlich leichtgläubig; freundlich und sanft, doch gelegentlich auch überraschend unnachgiebig; eine Vermittlernatur, jedoch genügend unabhängig, um die Führung einer sich als revolutionär erweisenden Bewegung zu übernehmen; vor allem aber ein Mensch von ähnlicher Art wie wir, den gleichen Fehlern und Schwächen unterworfen. Ein solcher Mensch hat uns viel zu lehren.

Nich viele Menschen sind mit Gott verwechselt worden! Doch genau das hat er in Lystra erlebt. «Sie nannten Barnabas Zeus und Paulus Hermes, weil er das Wort führte.» Zeus war das griechische Gegenstück zum römischen Gott Jupiter, und in beiden Mythologien war er der oberste Gott in ihrem Pantheon. Sie betrachteten ihn als den Gott der Kraft, der die Naturmächte beherrschte.

Während die faszinierte Menge die flammende Predigt von Paulus hörte und sah, wie er einen von Kindesbeinen an verkrüppelten Mann heilte, verspürten sie die Gegenwart des Übernatürlichen. «Die Götter sind den Menschen gleich geworden und zu uns herabgekommen», war ihre Erklärung. Wir müssen annehmen, daß Barnabas ein attraktiver Mann von eindrücklicher physischer und geistiger Statur und beherrschender Persönlichkeit war, daß er einen solchen auffallenden Eindruck auf sie machte.

Eine Namensänderung

Es erlebt auch nicht ein jeder, daß ihn seine Freunde so bezeichnend umbenennen. Aber gerade das taten die Apostel mit Barnabas. «Joseph aber, der von den Aposteln Barnabas genannt wurde — das bedeutet: Sohn des Trostes —» (4,36). Betraf seine Genialität auch weniger den Kopf als das Herz, so blieb sie doch Genialität.

Die Namensänderung zeugte von dem feinen Dienst, den er bereits früh in seinem Glaubensleben ausübte. Der Name ist auf verschiedene Weise übersetzt worden: «Sohn des Trostes», «Sohn der Ermahnung», «Sohn des Zuspruchs». Der Name spiegelte den Dienst wider. Barnabas besaß die Gabe der Weissagung. «Wer aber prophetisch redet, der redet für die Menschen zur Erbauung, zur Ermahnung und zur Tröstung» (1. Kor. 14,3). Paulus war der «Wortführer», aber dessen gewichtigen Aussagen fügte Barnabas seine leidenschaftlichen Ermahnungen hinzu.

Dieser Dienst des Tröstens und des Ermutigens ist durchaus nicht als geringer und weniger wichtig zu betrachten. Kennzeichnet er nicht auch unsern Herrn, von dem geweissagt war: «Das geknickte Rohr wird er nicht zerbrechen, und den glimmenden Docht wird er nicht auslöschen» (Jes. 42,3)?

In seinen letzten Jahren sagte Dr. F. B. Meyer, daß er, könnte er sein Leben nochmals von vorn beginnen, viel mehr Zeit dem Dienst des Trostes und des Zuspruchs widmen würde. Könnten wir doch erkennen, wie wir täglich von einsamen, schmerzenden und manchmal auch gebrochenen Herzen umgeben sind! Rührte diese Fähigkeit des Barnabas, anderen Trost mitzuteilen, nicht von der Tatsache her, daß er voll des Trösters war?

Lukas sagt uns, daß er «ein Levit aus Cypern» war. Da Cypern und Cilicien, dessen Hauptstadt Tarsus war, zusammen eine römische Provinz bildeten, waren Saulus und Barnabas in einem gewissen Sinne Landsleute. Da Barnabas aus einer wohlhabenden Familie stammte, ist es wahrscheinlich, daß er zur Ausbildung nach Tarsus geschickt wurde und dort Saulus kennengelernt hatte. Nach der Tradition war der berühmte Gamaliel sein Lehrer gewesen, der ja auch Saulus unterrichtet hatte.

Seine Herkunft verschaffte ihm Zugang in Antiochien, denn es waren Männer von Cypern gewesen, die das Evangelium dorthin gebracht hatten (Apg. 11,20). Als Levit war er auch gut bewandert in den alttestamentlichen Schriften. Wenn ein Levit ein Nachfolger Christi wurde, so bedeutete das oft die Ächtung durch Freunde und Familie.

Hingebungsvolle Haushalterschaft

Ein Akt spontaner Großzügigkeit ließ Barnabas in der jungen Gemeinde bekannt werden, ein Akt, der ein unheiliges Nacheifern im Herzen von Ananias hervorrief. Barnabas «hatte einen Acker und verkaufte ihn und brachte das Geld und legte es den Aposteln zu Füßen» (Apg. 4,35 f.). Diese erste Tat eines christlichen Kommunismus verleiht einen Einblick in das Wesen dieses hervorragenden Mannes. Er betrachtete seinen Besitz als eine Haushalterschaft.

Die ausgeprägte Kürze des Berichts verdeckt beinahe die Bedeutung und Kostbarkeit dieses Akts. Im landhungrigen Orient, wo der Besitz auch des kleinsten Stückchens Boden ein eifersüchtig gehütetes Privileg war, bedeutete das ein sehr großes Opfer. Er gab seine finanzielle Unabhängigkeit auf.

Ursprünglich durften die Leviten kein Land besitzen, aber mit der Zeit war dieses Verbot ignoriert worden. Wie sein Meister, so wurde auch er, obgleich er reich war, arm. Zusammen mit Paulus war er als Zeltmacher tätig, um sich seinen Unterhalt zu verdienen (1. Kor. 9,6). Wie viele ähnliche Opfer sind durch sein selbstloses Beispiel wohl inspiriert worden?

Die Tatsache, daß der Mann, der sein eigenes Geld weggegeben hat, auch die Freude haben sollte, seine Großzügigkeit Bedürftigen zugute kommen zu lassen, hat etwas Sympathisches an sich (Apg. 11,30).

Seinem Wesen nach war Barnabas nicht argwöhnisch, aber auch nicht leichtgläubig. In seiner gütigen und optimistischen Art glaubte er stets das Beste von den Menschen, wobei er aber nichtsdestoweniger auch gute Menschenkenntnis besaß. Solche Menschen sehen eine Sache oft klarer als andere mit ihrem Mißtrauen. Er war nicht nur selber von einer gewissen Arglosigkeit, sondern konnte auch den Argwohn solcher zerstreuen, deren Vertrauen er gewann.

Eine gewagte Wahl

Es war Barnabas gewesen, der in dem eifrigen Verfolger der Gemeinde jene Vorzüge erkannte, die diesen zum größten Christen der Welt machen sollten. Als Saulus nach Jerusalem kam, «versuchte er, sich den Jüngern anzuschließen; doch sie fürchteten sich alle vor ihm und glaubten nicht, daß er ein Jünger wäre. *Barnabas aber* nahm sich seiner an und führte ihn zu den Aposteln» (9,26 f.) (Hervorhebung vom Verfasser).

Während die anderen Gläubigen einen schlauen Trick witterten, empfahl der großherzige Barnabas ihn den Aposteln. Er war der erste gläubige Freund des einsamen Saulus. Auf diese Weise bahnte Barnabas ihm den Weg, um der Heidenapostel zu werden.

Der Edelmut in seinem Wesen zeigt sich auch in seinem Bemühen, Saulus als Mitarbeiter in der sich rasch ausbreitenden Erweckung in Antiochien zu gewinnen. Offensichtlich bedurfte es einer sorgfältigen Suche, um ihn ausfindig zu machen (11,25), und so rettete Barnabas Paulus ein zweites Mal für den Dienst in der Gemeinde.

Die echte Gemeinschaft der Gläubigen in Antiochien zog immer mehr Menschen an, und Barnabas erkannte, daß er die Arbeit nicht allein tun konnte. In einem göttlichen Erkennen fiel seine Wahl auf den ehemaligen fanatischen Eiferer der Juden. Diese geniale, aber auch gewagte Wahl sollte sich «als eines der erfolgreichsten Experimente in der Kirchengeschichte» erweisen. So wurde Barnabas das Werkzeug, um den größten Missionar der Welt mit jener Gemeinde zusammenzubringen, die das Modell einer Missionsgemeinde wurde.

Nur ein Mann von innerer Größe konnte eine solche Wahl treffen; denn für einen Mann mit Durchblick eines Barnabas lag es auf der Hand, daß dieser dynamische und brillante Gelehrte ihn rasch in den Schatten stellen würde. Er war bereit, im Interesse des Reiches Gottes eine untergeordnete Rolle zu akzeptieren. Für ihn bedeutete es keine Herabwürdigung, einem zwar unerfahreneren, aber fähigeren Jüngeren Platz zu machen. Unauffällig und ohne das geringste Anzeichen von Neid trat er auf den zweiten Platz zurück.

Man kann wohl schwerlich den Einfluß überschätzen, unter dem Paulus während dieser frühen Verbindung mit Barnabas stand. Seine gesellschaftlich exklusive Herkunft und Ausbildung waren dazu angetan, aus ihm einen engstirnigen Frömmler zu machen, aber die Praxis an der Seite seines großherzigen Mentors erwies sich als von korrigierender Wirkung.

Barnabas facht die Erweckung an

Barnabas verriet einen seltenen Takt, als er mit der besonderen Situation in Antiochien konfrontiert wurde. Als die Erweckungsbewegung im heidnischen Antiochien größere Ausmaße annahm, wurden die Leitenden in Jerusalem besorgt über die Richtung, die sie einschlagen könnte. Sie zögerten, ihre eigene Rechtgläubigkeit zu gefährden, indem sie sich mit dieser etwas unüberschaubaren Bewegung identifizierten, faßten aber den weisen Beschluß, Barnabas als ihren Abgesandten und Beobachter hinzuschicken (11,22).

«Sie schickten Männer hin, um das zu regeln, was sie nicht hervorbringen konnten», sagte E. S. Jones. «Die Laiengruppe löste die Erweckungsbewegung aus, und die Apostel versuchten, sie in die rechten Bahnen zu leiten.»[2]

Wir können die Hand Gottes in der Wahl von Barnabas erkennen. Wäre ihr Abgesandter ein gesetzlicher Mensch gewesen, hätte die Sache einen ganz anderen Ausgang nehmen können. Mit offenen Armen nahm er die Neubekehrten in die Gemeinschaft der Gemeinde auf. Die ganze Missionsbewegung hat Barnabas viel zu verdanken. Man hätte keinen besseren Mann entsenden können, um die Beziehungen zwischen den Aposteln und Antiochia zu festigen und die sich entfaltende Gemeinde zu ermutigen.

Seine Lebensanschauung war von einem gesunden Optimismus gekennzeichnet. Er «hoffte alles» und erwartete das Beste von den Menschen — und wurde gewöhnlich auch nicht enttäuscht. Lag hier nicht auch der Grund, warum er — trotz des Widerstandes von Paulus — für Markus eintrat? Und konnte er nicht zum Schluß darauf hinweisen, daß sein Optimismus gerechtfertigt gewesen war? Kein Wunder, daß man ihn einen Sohn der Ermutigung nannte. Keiner wird durch Pessimismus ermutigt.

Zu diesen wünschenswerten Charaktereigenschaften kam noch ein beträchtliches Maß an physischem Mut angesichts von Verfolgung und Gefahr hinzu. «... mit unsern lieben Brüdern Barnabas und Paulus ... Männer, die ihr Leben eingesetzt haben für den Namen unsres Herrn Jesus Christus» (15,26). So lautete das Zeugnis der Jerusalemer Gemeinde an ihre erschrockenen Brüder.

Aber die höchste Anerkennung wird ihm von Lukas gezollt: «Er war ein bewährter Mann, erfüllt mit heiligem Geist und Glauben» (11,24). Er war ein bewährter Mann, dessen normale Erfahrung darin bestand, voll des Heiligen Geistes zu sein und völlig unter dessen Herrschaft zu stehen. Weil er auch «erfüllt mit Glauben» war, lebte er durch den Heiligen Geist aus der Kraft Gottes.

Nicht vor Fehlern gefeit

Auch ein bewährter und geisterfüllter Mann ist nicht von der Möglichkeit, Fehler zu begehen, ausgeschlossen. Dieser beeindruckende Mann war kein perfekter Mensch. Der Schatz war vorhanden, aber in einem irdischen Gefäß. Seine starke Seite erwies sich als sein schwacher Punkt, und bei zwei Gelegenheiten enttäuschte Barnabas seinen Mitstreiter Paulus.

In ihrer Missionsarbeit unter den Heiden waren sich diese beiden Männer einig, die gesetzliche Betrachtungsweise der Jerusalemer Hierarchie zu ignorieren und sich mit den Gläubigen aus den Heiden in Antiochien zu identifizieren. In diesem Zusammenhang berichtet Paulus über einen betrüblichen Vorfall: «Denn bevor einige von Jakobus kamen, hatte er (Petrus) gemeinsam mit den Heiden gegessen; als sie aber kamen, zog er sich zurück und sonderte sich ab, weil er die aus dem Judentum fürchtete. Und mit ihm heuchelten auch die übrigen Juden, so daß selbst Barnabas dazu verführt wurde, mit ihnen zu heucheln» (Gal. 2,12 f.).

Selbst Barnabas. Das war ein schwerer Schlag für Paulus. Es war schon schlimm genug, daß Petrus dem Druck der Gruppe aus Jerusalem nachgab, aber daß sein eigener geliebter Mitkämpfer und Senior-Missionar, der in Jerusalem treu zu ihm gehalten hatte, in dieser Sache mitmachte, war das Schlimmste.

Alles wäre nicht so gravierend gewesen, wenn ihr Tun wenigstens einer echten Überzeugung entsprungen wäre. Aber Paulus warf ihnen vor, «daß sie nicht richtig wandelten nach der Wahrheit des Evangeliums» (Gal. 2,14). Sie handelten heuchlerisch, nicht ehrlich.

Die Hauptschuld daran wird Petrus angelastet, aber die Tatsache, daß Barnabas sich von ihrer Heuchelei mitreißen ließ, deckte eine der Schwächen seiner anziehenden Persönlichkeit auf.

Tugend kann leicht zum Übel werden, und seine bewundernswerte Großherzigkeit führte angesichts drohender Unpopularität zu einem Mangel an Standhaftigkeit.

Der Ernst seines Versagens liegt in der Tatsache, daß er nicht nur seinen Freund und Bruder vor den Kopf schlug und im Stich ließ, sondern auch die Gläubigen in Antiochien beleidigte und, was noch schlimmer war, ihre christliche Freiheit, ja vielleicht sogar die der ganzen Gemeinde, gefährdete.

Durch eine besondere Offenbarung hatte Gott Petrus gezeigt, daß die Heiden den gleichen Status in der Gemeinde Jesu besaßen wie die Juden. Doch um die Gunst jener engstirnigen Gläubigen in Jerusalem nicht zu verlieren, war Petrus der himmlischen Schau ungehorsam geworden und hatte auch noch Barnabas mit hineingezogen.

Hätte Paulus nicht den Mut aufgebracht, Petrus Auge in Auge gegenüberzutreten (Gal. 2,11), wäre vielleicht die ganze christliche Bewegung gescheitert.

Die Lehre, die sich für uns daraus ergibt, ist, daß wir auch auf unsere starken Seiten achthaben müssen, damit sie nicht zu Schwächen degenerieren.

Nutznießer der zweiten Chance

Man könnte sagen, daß dieser Vorfall den Weg pflasterte für den noch ernsteren Streitfall, der sich zwischen ihm und Paulus entwickelte. Auf der ersten Missionsreise hatte Johannes Markus, ein Neffe von Barnabas, in Perge versagt und war nach Hause zurückgekehrt. Paulus betrachtete das als eine schwerwiegende Pflichtvergessenheit.

Später, als der gutherzige Barnabas Markus auf einen zweiten Besuch mitnehmen wollte, sträubte sich Paulus dagegen. Er war der Auffassung, daß Markus Standfestigkeit und Zielbewußtheit für solch ein gefährliches Abenteuer fehlten und daß seine Anwesenheit eher ein Hindernis als eine Hilfe wäre.

Aus dem Bericht von Lukas geht hervor, daß das keine unbedeutende Meinungsverschiedenheit war, sondern ein ernster Streit. «Da gerieten sie scharf aneinander», sagt Lukas, «so daß sie sich trennten. Barnabas nahm Markus mit sich und fuhr nach Cypern. Paulus aber wählte Silas zum Begleiter und zog fort, von den Brüdern der Gnade Gottes befohlen» (15,37-40).

Ohne Zweifel roch das Vorgehen von Barnabas nach Vetternwirtschaft, aber vielleicht entsprang es auch der Überzeugung, daß der junge Mann eine zweite Chance bekommen sollte und sein Versagen wiedergutmachen würde. Wie viele unter uns sind Nutznießer der zweiten Chance gewesen! Barnabas war in einen Loyalitätskonflikt geraten, und er hatte sich zugunsten seines Neffen entschieden.

In der Hitze des Gefechtes war aus der Milde des Barnabas Widerspenstigkeit und aus der Festigkeit des Paulus Unnachgiebigkeit geworden. Da keiner nachgeben wollte, bestand die einzige Lösung darin, daß sie getrennte Wege gingen.

Es steht nichts davon geschrieben, daß sie über das Problem beteten. Aber war das die beste, die einzige Lösung? Im Rückblick läßt sich sagen, daß beide Standpunkte Wahrheitselemente enthielten. Es scheint, wie Ramsay glaubt, daß die Geschichte Paulus recht gibt in dieser Auseinandersetzung, denn er, und nicht Barnabas, erhielt den Segen der Gemeinde von Antiochia.

Andererseits fand die Überzeugung von Barnabas, daß Johannes Markus sich wieder auffangen würde, durch die nachfolgenden Geschehnisse ihre Rechtfertigung. Die heilsame Lehre aus dem Konflikt hat vielleicht Markus die Augen für seinen eigenen Charaktermangel geöffnet und ihn veranlaßt, göttliche Hilfe zu suchen und zu erhalten, um ihn zu überwinden.

Man kann den Streit weder rechtfertigen noch billigen, aber Gott in seiner Gnade versteht es, den Fluch in Segen zu verwandeln. Der junge Mann machte sein Versagen wieder gut. Zwischen den beiden Freunden blieb keinerlei Bitterkeit zurück, denn Paulus sagte zu Timotheus: «Markus nimm zu dir und bringe ihn mit; denn ich kann seinen Dienst gut gebrauchen» (2. Tim. 4,11).

Paulus besaß die innere Größe, zugeben zu können, daß der Optimismus von Barnabas gerechtfertigt und seine eigenen Befürchtungen ungerechtfertigt waren. Durch das Walten Gottes gingen aus dieser bedauerlichen Krise an Stelle von einem zwei erfahrene Missionsteams hervor, die mit dem Evangelium in das Heidentum vorstießen.

Ähnliche tragische, aber unnötige Streitfälle haben sich auf vielen Missionsfeldern zugetragen. Gute und gefestigte, dem Werke Gottes zutiefst verpflichtete Menschen verfechten ihre voneinander abweichenden Standpunkte, ohne damit genügend ins Gebet zu gehen. Dadurch werden sie zu einer Zielscheibe für den Feind.

Der Fehler lag bei dieser Auseinandersetzung nicht im Argument selber, sondern im Geist, in dem sie ausgetragen wurde. Das von Lukas verwendete Wort dafür trägt die Bedeutung eines heftigen Gereiztseins, und das ist keine Frucht des Geistes. Als Paulus dasselbe Wort gebrauchte, als er schrieb: «Die Liebe läßt sich nicht zum Zorne reizen» (1. Kor. 13,5; Albrecht-Übers.), ob er dabei wohl an sein eigenes Versagen gedacht hat?

Es gibt eine Handschrift aus dem fünften Jahrhundert, welche den Titel «Barnabasakte» trägt und von seinem Märtyrertum und seiner Bestattung in Salamis, seiner Heimatstadt, berichtet — ein würdiger Abschluß eines würdigen Lebens.

Kapitel 17
Stephanus —
der Mann mit fünffacher Fülle

Seht euch um nach Männern ... die erfüllt sind ... mit Weisheit.
Stephanus, ein Mann voll Glauben und heiligem Geist ...
Stephanus aber, voll Gnade und Kraft ...
(Apg. 6,3.5.8)

«Stephanus — willensstark, äußerst intelligent, mit einem Blick für tiefere Zusammenhänge — hatte die bedeutsame Tatsache begriffen, daß das, was in Palästina geschehen war, den geschichtlichen Höhepunkt und die geschichtliche Erfüllung von etwas darstellte, was mit der Berufung Abrahams begonnen hatte ... Er geht dem sich entfaltenden Plan Gottes nach, wobei er scharfsinnig die geistliche Herkunft seiner Zuhörer unterstreicht, die willens waren, dem Herrn, der sie suchte, zu widerstehen und sogar Mose, der zu ihrer Befreiung gekommen war, zu verfolgen.»[1]

E. M. Blaiklock

Bezugsstellen: Apostelgeschichte 6,1-5; 7,1-60; 11,19; 22,20.

Stephanus figuriert normalerweise nicht unter den Hauptgestalten der Bibel, und doch nimmt er einen einzigartigen Platz in der christlichen Gemeinde ein. Ganz abgesehen von seinen edlen Charaktereigenschaften verdient er unsere Aufmerksamkeit nicht zuletzt deshalb, weil er durch die Vorsehung Gottes zu einem äußerst kritischen Zeitpunkt in der jüdischen Geschichte erscheint.

Es ist keine Übertreibung zu sagen, daß sein Märtyrertum ein zentraler und epochemachender Augenblick in der Entfaltung des Planes Gottes war. Lukas stellt es als den Angelpunkt der zukünftigen Weltevangelisation dar. Alles in der ersten Hälfte der Apostelgeschichte läuft auf ihn zu oder geht davon aus. Im Mittelpunkt der ganzen Geschichte steht Gottes weltumspannender Missionsplan. Bei keinem anderen hat sich die Wahrheit so bestätigt, daß das Blut der Märtyrer die Saat der Gemeinde ist. Stephanus ist ein griechischer Name und bedeutet soviel wie Krone — ein auffallend prophetischer Hinweis auf die Märtyrerkrone, die er einst tragen sollte.

Eine entscheidende Krise

Die folgenden Bibelstellen weisen auf die Natur dieser entscheidenden Krise hin:

«Am selben Tag brach eine große Verfolgung über die Gemeinde in Jerusalem herein; da zerstreuten sich alle in die Länder Judäa und Samarien, außer den Aposteln ... Die nun zerstreut worden waren, zogen umher und predigten das Wort» (Apg. 8,1-4).

«Die sich nun zerstreut hatten bei der Verfolgung, die wegen Stephanus hereingebrochen war, gelangten bis nach Phönizien, Cypern und Antiochien und verkündigten das Wort *ausschließlich den Juden*. Einige von ihnen aber, Männer aus Cypern und Kyrene, kamen nach Antiochien und *wandten sich auch an die Griechen* und predigten ihnen das Evangelium vom Herrn Jesus ... und eine große Zahl kam zum Glauben und bekehrte sich zum Herrn» (Apg. 11,19-21), Hervorhebung vom Verfasser).

Die zögernde und exklusive Christengemeinde in Jerusalem fühlte sich nicht von der Liebe Christi gedrungen, das Evangelium von ihm über die Grenzen ihres Volkes hinauszutragen. Der Genius des Missionsbefehls hatte sie nicht ergriffen. Auch die weltweite Schau ihres Herrn hatten sie sich nicht zu eigen gemacht. Sogar als die große Verfolgung über sie hereinbrach und sie fliehen mußten, gaben sie ausschließlich den Juden Zeugnis.

So ausgeprägt war ihr völkisches Vorurteil, daß sogar die Verfolgungshitze nichts daran änderte. Doch unter dem Einwirken des Heiligen Geistes durchbrachen etliche diese Barriere und «wandten sich auch an die Griechen». Eines der Resultate davon war die Gemeinde in Antiochien, deren Missionseifer die Evangeliumsfackel in die Welt hinaustrug. Das Märtyrertum des Stephanus war darum wie ein Wasserfall, von dem der Lebensstrom in die Heidenwelt hinaus floß.

Ein zweiter Faktor, der seinem Märtyrertum große Bedeutsamkeit verlieh, war der Einfluß, den es auf Paulus, den Heidenapostel, ausübte. Neben dem Begründer der Gemeinde, Jesus, war ohne Zweifel Paulus die einflußreichste Gestalt der universalen Gemeinde (7,57; 8,1). Dieses Ereignis spielte eine große Rolle bei der Bekehrung von Paulus, und zu einem beträchtlichen Teil verdanken wir die Evangeliumsfreiheit, deren wir uns heute erfreuen, seiner Bekehrung. Ohne sein starkes Eintreten für die Freiheit der Gläubigen in Christus hätte das Christentum leicht zu einer weiteren jüdischen Sekte herabsinken können.

Der Mut, der Glaube und die unüberwindliche Liebe von Stephanus versetzten dem Widerstand des Paulus den entscheidenden Stoß. «Und als das Blut des Stephanus, deines Zeugen, vergossen wurde, stand auch ich dabei und hatte Gefallen daran und bewachte denen die Kleider, die ihn töteten», erinnerte er sich (22,20). Augustinus sagte, daß die Gemeinde keinen Paulus haben würde, wenn Stephanus nicht gebetet hätte.[2]

Geistliche Reife

Das kräftige Zeugnis und der Einfluß, der vom Märtyrer ausging, sollten im Licht der Tatsache gesehen werden, daß er nicht ein reifer Christ mit einer jahrelangen Erfahrung hinter sich war. Er war erst seit vier Jahren ein Gotteskind gewesen. Geistliche Reife ist nicht eine Angelegenheit von grauen Haaren und entwickelt sich auch nicht automatisch im Lauf der Jahre. Neubekehrte, die ihr Leben vorbehaltlos unter die Herrschaft Christi gestellt haben, zeigen in ihren Reaktionen auf schwierige Lebensumstände oft eine größere Reife als viele, die schon lange gläubig sind.

Des weiteren war Stephanus kein Apostel, sondern ein Laie, der aus dem Glied nach vorn getreten war. Treue beim Einsatz seiner Gaben in einer niedrigeren Stellung führte zu einem privilegierteren Dienst und zu hohem Ansehen im Königreich Gottes. Seine echte Frömmigkeit, seine natürlichen und geistlichen Gaben brachten ihn in eine angesehene Führungsposition in der Gemeinde.

Ähnlich wie Philippus, verdankte Stephanus seine Berufung zu einem der ersten Diakone der Jerusalemer Gemeinde einem sozialen Problem, das einige schädliche Nebenwirkungen aufwies. Das war nichts Überraschendes, denn es wäre seltsam gewesen, wenn der Teufel den Erfolg der Gemeinde einfach hingenommen hätte. Unter der griechischen Gruppe in der Gemeinde war Unzufriedenheit entstanden, «weil ihre Witwen bei der täglichen Versorgung übersehen wurden».

Die Apostel erkannten den möglichen Ernst des Risses, der entstanden war, und schlugen der Gemeinde vor, sieben Männer von gutem Ruf, voll Heiligen Geistes und Weisheit zu erwählen, um sich dieser administrativen Aufgabe zu widmen. Sie selbst wollten sich weiterhin vor allem dem Gebet und dem Wortdienst zuwenden. Von den gewählten Männern wurde Stephanus zuerst genannt; zweifellos war er auch der bedeutendste unter ihnen (6,5).

Ein Leben reichlichen Überfließens

Sein Leben war von einer fünffachen Fülle gekennzeichnet. Dreimal heißt es von ihm, daß er «voll Heiligen Geistes» war (6,3.5.55). Aus diesem unerschöpflichen Reservoir floß auch alle andere Fülle. Der Grundgedanke des Wortes «voll» bei diesen Stellen ist der von «Herrschaft» und «Kontrolle». Es war nicht ein *Etwas,* das über ihn ausgegossen war, sondern ein *Jemand,* der auf seine Einladung hin Besitz von ihm ergriffen hatte und mit seiner Zustimmung die Kontrolle über ihn ausübte.

Der geisterfüllte Mensch ist einfach jemand, dessen ganze Persönlichkeit vom Heiligen Geist durchdrungen und beherrscht wird. Das erlaubte dem Heiligen Geist, seine Kraft im Leben des Stephanus in einem hohen Maße kundzutun.

Er war voll Weisheit (6,3.10). Er besaß jene empfindsame Einsicht, die einen Menschen direkt den Kern der Dinge erkennen läßt. Es ist ein Wissen, aber auch mehr als ein Wissen. Es ist das Vermögen, unser Wissen aufs beste zur Anwendung zu bringen. In der heiklen Situation, die in der Gemeinde entstanden war, war Weisheit eine dringend benötigte Eigenschaft. Der Geist verlieh ihm eine solch unübertreffliche Weisheit beim Debattieren, daß er Widersacher von drei Kontinenten in die Flucht schlug. «Sie vermochten der Weisheit und dem Geist, in dem er redete, nicht zu widerstehen» (6,10). Der Geist Gottes setzt keinen Preis auf Unwissenheit aus, sondern macht vollen Gebrauch vom Wissen, das man sich sorgfältig aneignet.

Stephanus war *voll Gnade* (6,8). Gnade ist eines der reichsten Worte der Bibel, ein Wort, das weit über seine anfängliche Bedeutung hinausgegangen ist. Gnade ist unverdiente Liebe. Gnade ist, daß man mit unwürdigen Menschen nicht so umgeht, wie sie es verdienen, sondern wie es dem Verlangen des eigenen Herzens entspricht. Das ist genau das Gegenstück zu einer kritischen und richtenden Geisteshaltung, denn Gnade bringt Güte hervor, eine Blume, die im Herzen des Stephanus voll erblüht war.

Er war *voll Glauben* (6,5). Er hatte eine vertrauens- und erwartungsvolle Einstellung. Er war ein chronisch Glaubender, so wie Thomas ein chronisch Zweifelnder war. Was Gott gesagt hatte, glaubte er, ohne Fragen zu stellen oder Vorbehalte zu machen. Sein starker Glaube machte aus ihm einen großen Empfänger göttlicher Gaben. Weil er ein solch unbegrenztes Vertrauen in die Treue Gottes besaß, konnte Gott ihm auch unbegrenzte geistliche Kraft anvertrauen.

Er war *voll Kraft* (6,8). Er besaß nicht nur die Kraft der Rhetorik und des Intellekts allein, obwohl er dies in vollem Maße sein eigen nannte. Es war auch nicht die Kraft einer anziehenden Persönlichkeit, die er zweifellos besaß. Es war die Kraft der Persönlichkeit des Heiligen Geistes, die durch ihn wirkte und ihn befähigte, so wirksam das Evangelium zu verkündigen, für den Glauben einzutreten und den Tod eines Märtyrers zu erdulden. Sein Zeugnis gewann die Gunst der Menschen, erweckte aber auch den scharfen Haß der Synagoge.

Unvermeidbar wurde Stephanus in eine Auseinandersetzung mit den Juden gezogen, die aus verschiedenen Ländern kamen. Unfähig, seine Argumente zu widerlegen, nahmen sie zu falschen Zeugen Zuflucht.

«Da stifteten sie einige Männer an, die aussagen sollten: Wir haben ihn lästernde Worte gegen Mose und gegen Gott reden hören. Und sie brachten das Volk, die Ältesten und die Schriftgelehrten gegen ihn auf.

Dann traten sie ihm entgegen, ergriffen ihn, führten ihn vor den Hohen Rat und stellten falsche Zeugen auf, die aussagten: Dieser Mensch hört nicht auf, gegen diese heilige Stätte und das Gesetz zu reden. Denn wir haben ihn sagen hören: Dieser Jesus von Nazareth wird diese Stätte zerstören» (6,11-14). Da die Priester im

Blick auf ihren Lebensunterhalt vom Tempel abhängig waren, konnten sie eine solche Anklage nicht ignorieren.

Vom Hohenpriester aufgefordert, sich zu verantworten, begann Stephanus mit seiner Verteidigungsrede. Aber es war weniger eine Verteidigungsrede für sich selbst als eine Apologie für das Evangelium. Eine Apologie ist eine Aussage, die weniger zur Rechtfertigung einer Person selbst, sondern ihrer Position gemacht wird. Seine Rede, die das ganze Kapitel füllt, ist die längste Predigt der Apostelgeschichte. Bemerkenswert ist, daß Stephanus während seiner ganzen Rede nicht ein einziges Mal den Namen Jesus erwähnt! Indirekt wird in 7,2 Bezug auf ihn genommen, aber natürlich steht er im Mittelpunkt der ganzen Darlegung.

Eine beredte Apologie

In seiner bemerkenswerten und eloquenten Predigt verrät Stephanus seine exakte Kenntnis der jüdischen Geschichte und ihrer Relevanz für den neuen Glauben, den er angenommen hatte. Er kehrte den Spieß um und warf ihnen vor, selber die Schuldigen zu sein. Von ihrer völkischen Geschichte ausgehend, legte er den Plan Gottes in Christus dar. Auf die Frage, woher Lukas Kenntnis von den Details der Rede des Stephanus hatte, ist zu antworten, daß er sie mit Sicherheit durch Paulus erhalten hatte, in dessen Gedächtnis sich die ganze beschämende Szene unauslöschlich eingeprägt hatte. Gott vergab Paulus, aber er selbst vergab sich seine Mittäterschaft an der Verfolgung der Gemeinde nie.

«Ich bin nicht wert, daß ich ein Apostel heiße», bekannte Paulus später, «weil ich die Gemeinde Gottes verfolgt habe» (1. Kor. 15,9). Er konnte die Szene nie vergessen noch die leidenschaftlichen Worte des ersten Märtyrers aus seiner Erinnerung auslöschen.

Der Hauptbeschwerdegrund der Anklage, die seine Widersacher gegen Stephanus erhoben, bezog sich auf den Tempel. Er widerlegte ihre Behauptungen in einer scharfsinnigen Rede, in der er, mit Abraham anfangend, einen Rückblick auf die Geschichte ihres Volkes hielt. Daraus leitete er ab, daß sich die Gegenwart des ewigen Gottes nicht örtlich festlegen und auf einen irdischen Tempel, und sei er noch so großartig, begrenzen läßt.

Er wies darauf hin, daß Gottes Gegenwart mit Joseph war, sogar als dieser in Ägypten weilte. Er erinnerte sie daran, daß sie als Nation den Boten Gottes hartnäckig Widerstand geleistet und sie verworfen hatten. Sie hatten Joseph, den Gott als ihren Erhalter gesandt hatte, beneidet und mißhandelt. Sie hatten gegen Mose rebelliert und seine Botschaft abgelehnt. Sie hatten die Propheten gesteinigt und die Tempelfunktionen mißbraucht. Sie rühmten sich des göttlichen Gesetzes und versäumten dennoch, es zu halten.

Dann zeigte Stephanus ihnen, daß dieser Jesus, den sie vor kurzem getötet hatten, der Gerechte war, der Prophet, von dessen Kommen Mose geweissagt hatte und den sie hätten aufnehmen anstatt umbringen sollen (7,35.52). Er faßte seine Anklage gegen sie in den Worten zusammen: «Wie schon eure Väter, so ihr jetzt!»

Die Verteidigungsrede offenbarte seine erstaunliche Einsicht in die Absicht und die geistliche Bedeutung des Waltens Gottes über Israel und in die Relevanz Jesu für die Glaubensgeschichte. Dies war der erste inspirierte Kommentar zum Alten Testament von einem neutestamentlichen Gläubigen.

Angebliche Widersprüche

Es wird manchmal behauptet, im Geschichtsrückblick des Stephanus seien zwei Widersprüche enthalten. In Kapitel 7,6 wird die Dauer der Knechtschaft Israels in Ägypten mit 400 Jahren angegeben, in 2. Mose 12,40 dagegen mit 430 Jahren. Interessant ist, daß Josephus beide Zahlen nennt, während Philo von 400 Jahren spricht.[3]

Es ist durchaus möglich, daß beide Zahlenangaben richtig sind, jedoch von verschiedenen Zeitpunkten ausgehen. Es kann auch sein, daß 430 die richtige Zahl ist, Stephanus sie aber abrundete, wie wir es gelegentlich auch tun.

Eine andere Schwierigkeit scheint in Kapitel 7,4 zu liegen, wonach sich die Verwandtschaft von Jakob auf 75 Personen belief, während 1. Mose 46,27 von 70 Personen spricht. In der griechischen Septuaginta, aus der Stephanus als Hellenist zitierte, kam die Zahl 75 dadurch zustande, daß der Liste in 1. Mose 46,8-47 die Namen von Manasses Sohn Machir, vom Enkel Gilead, von Ephraims Söhnen Schuthelach und Tahan und von seinem Enkel Edom hinzugefügt wurden.

Stephanus war sich über die Reaktion dieser blinden Männer im klaren, als er ihnen zum Schluß seiner Anklage ihre Halsstarrigkeit und die Unbeschnittenheit ihrer Herzen vorwarf und sie beschuldigte, zu Verrätern und Mördern an dem Gerechten geworden zu sein (7,51 f.).

Zutiefst getroffen von der Anklage, die sie nicht widerlegen konnten, brachen die religiösen Leiter die Verteidigung des Stephanus ab und knirschten mit den Zähnen vor Zorn über ihn. Der ganze Prozeß war vollständig irregulär und illegal, wie es bei Jesus gewesen war. Wie dieser, so wurde auch Stephanus fälschlich angeklagt. Es erfolgte keine offizielle Anklageerhebung, keine Beweiswürdigung, keine Abstimmung, keine Urteilsverkündigung. Sie nahmen das Gesetz in ihre eigenen Hände, obwohl Rom ihnen das Recht auf die Aussprechung des Todesurteils abgesprochen hatte.

Die himmlische Schau

Gott läßt seine Zeugen in der Stunde ihrer Bedrängnis nie allein. Er schenkte Stephanus eine Vision, so herrlich, daß sie ihm Kraft gab, während der Steinhagel auf ihn herabprasselte. Zum Himmel aufblickend, sah er «die Herrlichkeit Gottes und Jesus zur Rechten Gottes stehen» (7,55).

Er hatte vielleicht Jesus nie dem Fleische nach gesehen, aber instinktiv erkannte er ihn als den Menschensohn, auf dem Ehrenplatz stehend, als wollte er seinen verfolgten Knecht willkommen heißen.

Als er rief: «Siehe, ich sehe den Himmel offen und den Menschensohn», da war das für den wütenden Mob zuviel. Sie hielten sich die Ohren zu, wie um eine solche Gotteslästerung nicht mehr länger anhören zu müssen, stürzten auf ihn los, stießen ihn zur Stadt hinaus durch das als Stephanustor bekannte Stadttor und begannen, ihn zu steinigen. Er mußte wie sein Meister außerhalb des Tores leiden. Wie dieser, so starb auch Stephanus betend.

Während die Steine immer noch auf seinen zerschundenen Körper prasselten, fiel er auf die Knie, und mit aufwärts gerichtetem und strahlendem Gesicht rief er zum Herrn und betete: «Herr Jesus, nimm meinen Geist auf.»

Mit seinem letzten Atem hauchte er ein Gebet für seine Mörder, das uns an die letzten Worte Jesu am Kreuz erinnert: «Herr, rechne ihnen diese Sünde nicht an!» (7,60). Dann legte er seinen Kopf an Jesu Brust und «entschlief».

Treue Freunde nahmen den gefolterten Leib des Stephanus und gaben ihm unter großer Wehklage ein ehrenvolles Begräbnis. Tief bewegt durch den Verlust ihres Freundes und vielleicht voller Furcht vor dem, was vor ihnen liegen könnte, ahnten sie nicht, daß sie Zeugen einer der großen Krisen der Kirchengeschichte gewesen waren.

Aber dieselbe Szene, die den Gläubigen soviel Leid gebracht hatte, entzündete Saulus und seine Genossen nur zu noch größerer Raserei. «Am selben Tag brach eine große Verfolgung über die Gemeinde in Jerusalem herein» (8,1).

Stephanus war nur der erste jener edlen Schar von Männern und Frauen, die treu gewesen sind bis in den Tod und die Märtyrerkrone erlangt haben. Was hat uns sein Märtyrertum zu sagen? Welche verborgene Kraft befähigte ihn, so furchtlos Zeugnis zu geben und triumphierend zu leiden? Die Tage der Märtyrer sind noch nicht vorbei, denn während diese Zeilen geschrieben werden, trifft gerade die Nachricht ein, daß zwei Freunde auch die Märtyrerkrone erlangt haben.

Der hauptsächlichste Faktor im Leben des Stephanus bestand darin, daß das Erfülltsein mit dem Geist sein normaler Zustand gewesen war. Er hatte eine ununterbrochene Schau des erhöhten Christus (55). Er hegte eine Hoffnung, die auch unter Verfolgung nicht zerbrach (59). Keine Bitterkeit war in seinem Herzen zu finden, statt dessen betete er für seine Feinde (60).

Für Stephanus bedeutete der Tod nur einen «Schlaf», nicht ein Endziel, sondern eine Durchgangsstation.

Kapitel 18
Philippus —
Diakon, Evangelist, Missionar

Philippus ... predigte ihnen von Christus. Philippus predigte ihm das Evangelium von Jesus. (Apg. 8,5.35)

«Wenn er (Philippus) zusammen mit den anderen Sechs gewählt wurde, um für die zeitlichen, materiellen Bedürfnisse und das Wohlergehen gewisser Gemeindeglieder zu sorgen, so müssen wir nicht meinen, daß das eine ungeistliche Aufgabe gewesen wäre. Hier war ein Gebiet, das ebenso geistlich war wie die Wortverkündigung durch Petrus oder Paulus. Ich wünschte, ich könnte etwas sagen, um unsere Laiengeschwister zu der Überzeugung zu führen, daß ein Dienst in der Gemeinde, der mit der Verwaltung von Geld oder mit administrativen Problemen zu tun hat ... wenn er für den Heiland in der Kraft seines Geistes getan wird, ebenso geistlich ist, wie das Halten einer Predigt oder das Leiten im Gebet.»[1]

Paul S. Rees

Bezugsstellen: Apostelgeschichte 6,1-5; 8,5-40; 21,8 f.

Zuerst Diakon, dann Evangelist, schließlich Missionar; mit dem Vorrecht, in der Äußeren Mission den ersten Heiden für Christus zu gewinnen; einer, der für ein Volk und für einen Kontinent zum Bahnbrecher des Evangeliums wurde. Das ist — *en miniature* — die Biographie von Philippus dem Evangelisten.

Das erste Mal erscheint er in der Heiligen Schrift als einer der sieben Diakone in der jungen Gemeinde zu Jerusalem. Sie verdankten ihre Berufung dem sozialen Problem, das in der christlichen Gemeinschaft entstanden war und im letzten Kapitel erwähnt wurde. Die nicht-palästinensischen Juden beklagten sich, daß ihre bedürftigen Witwen bei der täglichen Versorgung mit Nahrungsmitteln von den einheimischen Juden übersehen wurden (Apg. 6,1). Während die zwölf Apostel einerseits die Berechtigung der

Beschwerde erkannten, sahen sie andererseits in der Krise einen Versuch des Widersachers, sie von ihren Hauptverpflichtungen abzulenken — eine stets aktuelle Versuchung für den Reichgottesarbeiter.

Die Apostel teilten ihre Überzeugung der Gemeinde wie folgt mit: «Es ist nicht recht, daß wir vor allem für die Armen sorgen und darüber das Wort Gottes vernachlässigen. Darum, ihr lieben Brüder, seht euch nach sieben Männern in eurer Mitte um, die einen guten Ruf haben und erfüllt sind mit heiligem Geist und Weisheit; die wollen wir mit diesem Dienst betrauen. Wir selbst aber wollen weiter mit Gebet und Predigt dienen» (6,2-4). Diese inspirierte und inspirierende Führerschaft erwies sich als von großer Tragweite für die neue Bewegung.

Zweiter auf der Liste der mit dieser sozialen Aufgabe Betrauten war Philippus, ein griechischsprechender Jude.

Gemeinsam mit den anderen sechs Männern war er für das leibliche Wohlergehen der Witwen in der Gemeinde verantwortlich. Die Qualifikationen, welche die Apostel für diese anscheinend routinemäßige administrative Arbeit verlangten, scheinen eher auf solche zu passen, deren Dienst im Beten und Predigen bestand.

Aber auf diese Weise machte der Heilige Geist der Gemeinde schon früh bewußt, daß auch für die zeitlichen Aufgaben mehr als natürliche Qualifikationen erforderlich sind. Die Betreffenden mußten integre Männer sein, «von gutem Rufe»; sie mußten geistliche Männer sein, «mit heiligem Geist»; sie mußten weise Männer sein, «mit Weisheit». «Säkulare» Männer haben absolut keinen Platz in der Verwaltung der Angelegenheiten der Gemeinde Christi, denn diese alle sind für den Heiligen Geist heilig.[2]

Die Weisheit und das Walten des Heiligen Geistes erweist sich in der weiteren Laufbahn einiger dieser Männer, die für diese Aufgabe auserlesen wurden. Die Apostel erwählten zur Erledigung gewöhnlicher Aufgaben Diakone, Gott aber gab ihnen Märtyrer und Evangelisten, bevollmächtigte Männer Gottes.

Die treue Verrichtung einer kleineren Aufgabe ist oft nur die Vorbereitung für eine größere Berufung, und das war auch bei Philippus der Fall. Der Herr hatte seinen Jüngern den Zeugnisbereich für die Gemeinde gezeigt (1,8), aber die Gemeinde in Jerusalem hatte versäumt, den Auftrag des Herrn auszuführen. Erst als die große Verfolgung über sie hereinbrach, gingen sie über ihre eigenen Grenzen hinaus: «Die nun zerstreut worden waren, zogen umher und predigten das Wort» (8,4). Aber auch dann noch war ihr Vorurteil gegen Nichtjuden so stark, daß sie das Wort ausschließlich den Juden verkündigten (11,19).

Als Zeuge in Samaria

Auch Philippus gehörte zu diesen Juden in der Zerstreuung, aber er durchbrach die Vorurteilsschranken, und so finden wir ihn in Samaria wieder, wo er Christus verkündigt. Das war sehr ungewöhnlich, denn die «Juden haben keine Gemeinschaft mit Samaritanern». Der Grund für diese Antipathie lag in dem Umstand, daß die Samaritaner eine Mischrasse bildeten, die durch Mischehen zwischen Juden, die im nördlichen Palästina zurückgeblieben waren, und Heiden zustande gekommen war. Sie besaßen ihre eigene Version der Fünf Bücher Mose, und ihre Religion bestand aus einer Vermengung von mosaischem Ritual bzw. mosaischer Lehre und heidnischer Gebräuche. Die Tatsache, daß unter ihnen eine starke messianische Hoffnung lebendig war, nahm Philippus zum Ausgangspunkt für seine Evangeliumsverkündigung.

Für den orthodoxen Juden waren die Samaritaner Verräter, schlimmer als Heiden, und wurden vollständig gemieden von ihm. Der Jude, der den Samaritanern die Tür zum Reiche Gottes öffnete, war der Herr selber (Joh. 4,7 f.). Philippus trat in die Fußstapfen Jesu und war der erste, der in der Ausführung des Missionsbefehls die Pflöcke weitersteckte. Seine Rolle als Pionier-Evangelist und Missionar ist nicht genügend gewürdigt worden.

Während er sich in dieser halbheidnischen Stadt aufhielt, brannte das Feuer in seinem Herzen bei der Evangeliumsverkündigung unter ihnen. Der Segen des Heiligen Geistes ruhte auf seinem Zeugnis, und der Herr bekräftigte es durch Dämonenaustreibungen und Heilungswunder.

Die samaritanische Erweckung

Bald sah sich Philippus inmitten einer großen Erweckungsbewegung. «Die Menge neigte sich dem, was Philippus sagte, einmütig

zu, als sie seine Worte hörte und sah, was er für Zeichen tat»
(8,6).

Die Bewegung nahm eine solche Größenordnung an, daß es die Apostel in Jerusalem für notwendig erachteten, Petrus und Johannes zu entsenden, damit sie sich informierten und den Pfingstsegen mit ihnen teilten (8,14-17).

Als sie ankamen, fanden sie die Stadt in großer Freude vor (8,8). Interessant ist, daß Johannes, der einst wollte, daß Jesus das Gerichtsfeuer auf die Samaritaner herabrief, nun der ist, welcher ausersehen wurde, um ihnen das Feuer des Heiligen Geistes zu bringen. Welche Veränderung hatte Pfingsten in ihm bewirkt.

Die Arbeit des Philippus war kein Strohfeuer, denn wir lesen von der Gemeinde in Samaria: «Sie baute sich auf, lebte in der Furcht des Herrn und wuchs unter dem Beistand des Heiligen Geistes» (9,31).

Zum Zeitpunkt seiner Ankunft in Samaria stand die Stadt unter dem Eindruck eines berühmten Zauberers mit Namen Simon Magus. Durch ihn wurde das Evangelium zum erstenmal mit den pseudo-geistlichen Systemen konfrontiert, deren es im Orient eine Menge gab zu jener Zeit. Sie bildeten eine Mischung von Astrologie, Magie und etwas Wissenschaft. Durch Ausnutzung des Aberglaubens der Samaritaner hatte Simon großen Einfluß und beträchtliches Ansehen erlangt, so daß man ihn «die große Kraft Gottes» nannte.

Er muß höchst beunruhigt gewesen sein, als Philippus auftrat und Wunderheilungen und Dämonenaustreibungen vollbrachte, die Simon daneben wie einen Amateur erscheinen ließen (8,7.13). Gewöhnt, mit seinen unechten Erscheinungen andere in Erstaunen zu versetzen, war es nun Simon selbst, der nur staunen konnte.

Er vermochte das, was er mit seinen eigenen Augen sah, nicht zu leugnen, und Lukas berichtet, daß sogar Simon glaubte (8,13). Als andere Neubekehrte sich taufen ließen, schloß er sich ihnen an. Doch er war, wie Cyril es ausdrückte, *getauft,* aber nicht *erleuchtet.*[3]

Er wurde ein eifriger Anhänger von Philippus und folgte ihm von Ort zu Ort. Das war ein bemerkenswerter Triumph für die Gemeinde, der sich aber als kurzlebig erweisen sollte.

Geistliche Gaben kann man nicht kaufen

Unter der Belehrung und den Gebeten von Petrus und Johannes empfingen die Samaritaner die Gabe des Heiligen Geistes (8,17). Als Simon die mächtigen Folgen vom Wirken des Heiligen Geistes sah, begehrte sein fleischliches Herz dieselbe Kraft, damit er seinen Ruf wieder zurückgewinnen und seinen magischen Künsten noch eine weitere Dimension hinzufügen konnte.

Die Ereignisse bewiesen bald, daß sein verstandesmäßiges Erfassen der Evangeliumswahrheiten nicht begleitet war von seiner Willenszustimmung zu den geistlichen Folgen, denn er bot den Aposteln Geld an, um die Geistesgabe zu bekommen (8,18). Von diesem gotteslästerlichen Verhalten kommt unser Wort «Simonie» her, die Sünde, geistliche Ämter gegen Geld zu suchen. Damit verriet Simon, daß sein wirkliches Interesse bei den Wundererscheinungen lag, die er gesehen hatte, und nicht bei der Heiligkeit, die der Heilige Geist wirkt. Er hätte sie gerne seinem Repertoire hinzugefügt.

Der geisterfüllte Petrus erkannte sofort seine Heuchelei und wies ihn aufs schärfste zurecht: «Du sollst mitsamt deinem Geld verdammt sein, weil du meinst, Gottes Gabe könnte durch Geld erlangt werden!» Er schloß seiner Zurechtweisung auch die Aufforderung zur Buße an (8,20-22).

Simon erschrak zutiefst, daß er sich den Zorn von Menschen zugezogen hatte, die eine solche große Kraft besaßen, und bat sie um Fürbitte, «daß nichts von dem über mich kommt, was ihr gesagt habt». Gerade seine Bitte um Gebet offenbarte die Richtigkeit der Diagnose des Petrus, als dieser sagte: «Du hast weder Anteil noch Anrecht an dieser Sache; denn dein Herz ist nicht rechtschaffen vor Gott.» Er sorgte sich nicht, weil ihm die Sünde leid tat, sondern weil er Angst vor der Strafe hatte. Er war getauft worden, hatte aber keine Herzensänderung erlebt. Dank des geistlichen Durchblicks von Petrus schlug die Gemeinde einen satanischen Angriff auf ihre Reinheit erfolgreich zurück.

Von der Menge zu einem einzelnen

Plötzlich, mitten in diesen bewegten Erweckungsszenen, erteilte der Herr der Ernte seinem Knecht einen neuen Auftrag: «Aber der

Engel des Herrn sprach zu Philippus: Steh auf und geh zur Mittagszeit auf die Straße, die von Jerusalem nach Gaza hinabführt» (8,26; das ist eine Wüstenstraße).

Gaza lag südwestlich von Samaria und war ein bedeutendes Handelszentrum, da die Hauptstraße hindurchführte. Es lag in Gottes Plan, daß Samaria eine Brücke zwischen Jerusalem und der übrigen Welt bilden sollte.

Oft wird zu wenig beachtet, daß die Ausführung des Missionsbefehls in größerem Stil nicht durch den Apostel Petrus, sondern durch den Diakon Philippus begonnen wurde. Eine wachsende und erfreuliche Arbeit, die er zudem selber angefangen hatte, zu verlassen, um mit einem Geheimauftrag in eine Wüstengegend zu gehen, muß eine nicht leichte Erfahrung für den Evangelisten gewesen sein. Er hätte ein Dutzend Gründe geltend machen können, warum Gott ihn lieber damit hätte verschonen sollen; aber seine Reaktion beweist seine geistliche Reife: «Und er stand auf und ging.» Keine Diskussion, kein Aufschub. Er hatte keine Ahnung, wieviel von der Promptheit seines Gehorsams abhing.

Die Straße, die er nehmen sollte, kreuzte die Straße von Jerusalem nach Äthiopien an einer bestimmten Stelle. Hätte er fünf Minuten gezögert und mit dem Engel über den Auftrag diskutiert, würde er das göttlich arrangierte Rendezvous mit dem einflußreichen äthiopischen Prinzen verpaßt haben, und Afrika wäre zu jener Zeit nicht mit dem Evangelium erreicht worden. Die Lehre daraus für uns bedarf wohl kaum einer ausführlicheren Behandlung. Unsere Säumigkeit, der Stimme des Geistes zu gehorchen, kann uns und andere des Segens berauben, den Gott geben wollte.

Zum Äthiopien der damaligen Zeit gehörte alles, was südlich von Ägypten lag. Unter Königin Kandake hatte sich dort eine bemerkenswerte Zivilisation entwickelt. Es war Brauch, Eunuchen in hohen Positionen anzustellen; einer von ihnen war der Schatzmeister ihres Königreiches und Mitglied ihres Kabinetts. Und dieser war es, an den Philippus herantrat, als sie sich begegneten.

Er war nach Jerusalem gereist, um anzubeten — ein fremder Beamter von Rang mit einem hungrigen Herzen. Er hatte an den Tempelzeremonien und -gottesdiensten teilgenommen, aber die Herrlichkeit war gewichen. Alles war kalt und tot. Er fand keinen Balsam für seine verlangende Seele. Er hatte jedoch eine alttestamentliche Schriftrolle erworben und wollte sich die lange Heimreise mit dem Lesen derselben verkürzen.

Göttliche Vorsehung

Der Zeitpunkt der Begegnung zwischen Philippus und dem Äthiopier trug alle Merkmale göttlicher Vorsehung. Der Schatzmeister saß auf seinem Wagen und las laut Jesajas Weissagungen. Bei seinem Anblick sagte der Geist zu Philippus: «Geh hin und halte dich zu diesem Wagen.» Der Reisende versuchte vergeblich, hinter die Bedeutung dessen zu kommen, was er las. Er konnte den Sinn der Jesajaworte nicht ergründen. «Verstehst du auch, was du da liest?» fragte ihn Philippus. «Wie kann ich das, wenn mich nicht jemand anleitet?» lautete seine Antwort, die sein inneres Verlangen verriet. War es Zufall, daß er gerade jenes alttestamentliche Kapitel las, das mehr als irgendein anderes Christus als den leidenden Knecht und Retter offenbart? War es Zufall, daß der einzige Mann in der Gegend, der ihm den Sinn der Prophetenworte erklären konnte, neben ihm saß?

Auf die Frage: «Sage mir bitte, von wem redet der Prophet das, von sich selber oder von jemand anderem?» hatte Philippus eine Antwort bereit. Nie hat ein Prediger wohl einen aufmerksameren und interessierteren Zuhörer gehabt, als er anfing zu reden und ihm das Evangelium von Jesus zu verkündigen (8,35). Neben der Erklärung der Bedeutung, die das Kreuz Christi hat, muß Philippus ihm wohl auch die Wichtigkeit der Glaubenstaufe gezeigt haben; denn kaum hatte er Christus angenommen, als er auch schon darum bat, getauft zu werden (8,36). Das natürliche und unausbleibliche Resultat seines Gehorsams war, daß er seine Straße fröhlich weiter zog.

Die ganze Begebenheit ist ein bewegendes Beispiel für das Interesse, das Gott am einzelnen hat. Was tut er nicht alles, um eine suchende Seele zum Heil zu führen! Zu diesem Zweck nimmt er sogar einen prominenten Gemeindeprediger mitten aus seinem Dienst an Abertausenden heraus, um auf das Bedürfnis eines einzigen Suchenden einzugehen — aber was für eines Suchenden! Irenäus sagt uns, daß er zum Missionar unter seinem eigenen Volk wurde.

Jetzt hatte Philippus seinen strategischen Auftrag erfüllt. Jetzt wurde das Evangelium nach Afrika hinein getragen. Aber Gott hielt neue Felder für ihn bereit. Kaum war der Äthiopier getauft worden, da «entrückte der Geist des Herrn den Philippus, und der Kämmerer sah ihn nicht mehr ... Philippus aber fand sich in Asdod wieder und zog umher und predigte in allen Städten das Evangelium, bis er nach Cäsarea kam» (8,39 f.).

Bild oder Wunder?

Die Meinungen gehen darüber auseinander, ob in diesem Abschnitt der Heilige Geist wirklich durch ein Wunder eingriff, oder ob es sich hierbei lediglich um eine anschauliche Darstellungsweise handelt, um die plötzliche Versetzung des Philippus in einen anderen Aufgabenbereich anzuzeigen. G. Campbell Morgan war weise, als er sagte, er wäre nie darauf bedacht, Wunder dort hineinzulesen, wo keine sind, aber auch keine auszuschließen, wo sich solche finden.[4]

Die Frage ist: Weist die Textaussage klar auf einen wunderbaren Eingriff hin? Eine Autorität im Griechischen, A. T. Robertson, sagt ja. Er betont, daß Philippus plötzlich und durch ein Wunder entrückt wurde, denn das hier verwendete Wort bedeutet «wegtragen» (vgl. 2. Kor. 12,2; 1. Thess. 4,17).[5]

Evangelist und Gastgeber

Vom Geist getrieben setzte Philippus seinen evangelistischen Dienst in allen Städten an der Küstenstraße fort, angefangen von Azotus, dem antiken Asdod der Philister, bis nach Cäsarea.

Die ganze Schilderung hindurch verrät Philippus die echte Passion eines Evangelisten. Es war nicht ein kurzlebiges Auflodern, sondern ein beständiges, durch den Heiligen Geist genährtes Brennen.

Der wiederholte Gebrauch des griechischen Wortes für «evangelisieren» in diesem Abschnitt läßt den Inhalt und Gegenstand seiner Predigt erkennen: das Wort (V. 4), das Reich Gottes (V. 12), der Name Christi (V. 12) und Jesus (V. 35). Im Gegensatz zu vielen anderen haben die zunehmenden Jahre seinen evangelistischen Eifer nicht geschwächt, denn er «zog umher und predigte in allen Städten das Evangelium».

Das letzte, was wir von ihm sehen, ist das Bild eines generösen Gastgebers, der Paulus und Lukas bei sich aufnahm, die zweifellos aufmerksam umhegt wurden von seinen vier unverheirateten Töchtern (21,8).

Wir müssen nicht glauben, daß diese begabten und gottesfürchtigen Frauen einem religiösen Orden angehörten. Sie erfüllten jedoch die pfingstliche Weissagung: «Eure Töchter sollen weissagen» (2,17). Das bedeutet nicht, daß ihr Dienst aus Zukunftsvorhersagen bestand, obwohl das auch dazu gehört haben mag. Aber aus dem Vorrang, den Paulus dieser Gabe einräumt, ist ersichtlich, daß es mehr als gewöhnliches Predigen war. Die vier Töchter erreichten ein hohes Alter und wurden sehr geschätzt wegen der authentischen Information, die sie in bezug auf Menschen und Ereignisse der Frühgemeinde geben konnten. Welch ein Segen kann doch eine gottesfürchtige Familie für eine Gemeinschaft sein!

Verschiedenerlei Führungen

Die verschiedenen Erfahrungen, die Philippus auf dem Gebiet göttlicher Führungen machte, sind lehrreich; denn der Heilige Geist ist nicht stereotyp in seinen Methoden. Die Wegweisung, Jerusalem zu verlassen und nach Samaria zu gehen, war wohl sehr willkommen! «Eine große Verfolgung brach über die Gemeinde in Jerusalem herein ... Saulus aber suchte, die Gemeinde zu zerschlagen, ging von Haus zu Haus, schleppte Männer und Frauen fort und lieferte sie ins Gefängnis ein. Die nun zerstreut worden waren, zogen umher und predigten das Wort. Philippus kam hinab in die Hauptstadt Samariens» (8,1-5). Sein Gehorsam gegenüber der Stimme des Geistes in diesen schwierigen Verhältnissen öffnete ihm die Tür zu einem Dienst.

Als nächstes erfolgte ein unerwarteter Auftrag durch einen Engel (8,26). Prompter Gehorsam öffnete dem Evangelium die Tür für einen Kontinent. Die «innere Stimme» wies ihm den nächsten Dienst: «Der Geist aber sagte zu Philippus: Geh hin und halte dich zu diesem Wagen!» (8,29). Der geisterfüllte Mensch erkennt die Stimme des Geistes.

Dann folgte die geheimnisvolle Erfahrung der Entrückung durch den Geist Gottes (8,39), und schließlich sehen wir ihn, wie er seinem geheiligten Urteilsvermögen entsprechend von Stadt zu Stadt zieht bis nach Cäsarea. Angesichts seiner Erfahrungen sollte es uns nicht überraschen, wenn sich besondere Führungserlebnisse, die Gott uns gelegentlich schenkt, nicht wiederholen. Gott ist erstaunlich beweglich. Der geistlich Gereifte wird sich mit stiller Führung zufriedengeben.

Kapitel 19

Lukas — ein Arzt wird Historiker

Der Arzt Lukas, der Geliebte ... (Kol. 4,14) ... den Bruder, dessen Dienst am Evangelium in allen Gemeinden gerühmt wird. (2. Kor. 8,18)

«Lukas ist nie eine der berühmten Persönlichkeiten der Urgemeinde gewesen. Wenn er nicht das Evangelium geschrieben hätte, würde jedenfalls niemand seinen Namen damit in Verbindung bringen ... Er war Arzt von Beruf, und vielleicht verhalf ihm das zu der großen Sympathie, die er besaß. Es ist gesagt worden, daß ein Geistlicher die Menschen von ihrer besten Seite sieht, ein Jurist von ihrer schlechtesten Seite, und ein Arzt sieht sie so, wie sie sind. Lukas sah die Menschen und liebte sie alle.»[1]

William Barclay

Bezugsstellen: Lukasevangelium; Apostelgeschichte; Kolosser 4,14; 2. Timotheus 4,11; Philemon 24.

Wenige außergewöhnlich begabte Autoren sind so bescheiden gewesen wie der, dem wir das dritte Evangelium verdanken. Sein Name erscheint nur dreimal im Neuen Testament, und das auch nicht aus seiner eigenen Feder. In gewisser Hinsicht wissen wir über ihn weniger als über irgendeinen der drei anderen Evangelisten. Auf der anderen Seite finden sich in den beiden von ihm verfaßten Büchern verstreut viele aufschlußreiche Hinweise, die uns doch einiges über ihn verraten.

Das trifft besonders auf sein Evangelium zu. Als der Heilige Geist die Heilige Schrift eingab, bediente er sich bei der Abfassung der göttlichen Wahrheiten der jeweiligen Persönlichkeit des Schreibers. Paulus bleibt in seinen Briefen Paulus, und seine Schriften tragen das Gepräge seiner Persönlichkeit. Ebenso verhält es sich mit seinem Begleiter Lukas. Man kann in seinen gekonnt verfaßten Büchern die Persönlichkeit des Mannes auf mancherlei Weise entdecken, wie wir noch sehen werden.

Was wir über Lukas erfahren können, vereinigt sich zu einem Bild, das uns einen einzigartig begabten und liebenswerten Menschen zeigt.

Lukas war dreimal der erste

Er war der erste Missionsarzt, der Pionier einer ganzen Schar von hingebungsvollen Männern und Frauen, die ihr medizinisches Wissen und Können für die Linderung der physischen und geistlichen Nöte benachteiligter Völker eingesetzt haben. Dadurch, daß er als Privatarzt dem Missionar Paulus in seinen häufigen Schwachheiten beistand, wurde er zum ersten Missionsarzt, der sich der Gesundheitspflege seiner Mitarbeiter widmete.

Dann war er der erste Kirchenhistoriker der Gemeinde. Mit seinem scharfen und kultivierten Verstand und mit der gewissenhaften Exaktheit des Gelehrten und Wissenschaftlers brachte er die besten Voraussetzungen für eine solche Aufgabe mit. Nach dem Urteil kompetenter Fachleute ist die Qualität seines literarischen Werkes als hoch zu bezeichnen. Man sagt sogar von ihm, er habe das beste Griechisch im Neuen Testament. Der Rationalist Ernest Renan bezeichnete das dritte Evangelium als «das literarischste der Evangelien» und als «das schönste Buch in der Welt».[2]

Über seine Qualifikation als Historiker versichert Sir William Ramsay, eine hervorragende Autorität auf diesem Gebiet, daß Lukas mit Recht einen Platz unter den besten Historikern einnimmt. Der Wert seiner Beiträge für die Gemeinde kann gar nicht hoch genug eingeschätzt werden; denn er hat uns eine authentische Geschichtsaufzeichnung von der jungen Gemeinde und ihrer Geburt bis hin zu ihrer Ausbreitung im römischen Imperium erhalten.

Lukas war der erste Hymnologist. Die Gemeinde steht auch wegen der Aufnahme von inspirierten Gesängen in seiner Geschichte in seiner Schuld. Die fünf ersten christlichen Hymnen finden sich sonst nirgends: Das Ave-Maria (1,41-45), das Magnificat (1,46-55), das Benedictus (1,67-69), das Gloria in Excelsis (2,8-14) und das Nunc Dimittis (2,8-14).

Wunderbare Gesänge, komponiert im Himmel, vereint zu einer würdigen Willkommenssymphonie für das Christuskind! J.M.E.

Ross schrieb über diese Gesänge: «Es ist etwas in ihnen — die Frische des Morgens oder die Glut eines unauslöschlichen Feuers, daß viele andere Lieder daneben als arm und blaß erscheinen.»[3]

Zu Beginn des Evangeliums lesen wir, daß bei der Geburt des Kindes der Gesang eines Engelchors durch den Mitternachtshimmel drang (2,13f.). Am Ende des Evangeliums lesen wir von den Jüngern, daß sie mit großer Freude nach Jerusalem zurückkehrten, ständig im Tempel waren und Gott priesen (24,52 f.). Seine Schriften sind geradezu durchsetzt von Gesang, Lob und Freude.

Vielseitigkeit in Begabung und Leistung

Er wies eine erstaunliche Vielseitigkeit sowohl in Begabung wie auch Leistung auf. Es gibt nicht viele, bei denen eine wissenschaftliche Denkweise so mit einer künstlerischen Veranlagung Hand in Hand geht wie bei Lukas. Ohne Zweifel war er ein Künstler im Gebrauch von Worten, aber Nicephorus und andere aus dem 10. Jahrhundert gaben die Überlieferung weiter, daß er auch Porträts vom Herrn, von Maria und den bedeutendsten Aposteln gemalt habe. Wie zuverlässig diese Überlieferungen sind, ist eine offene Frage; jedoch wurde Lukas im 13. Jahrhundert zum Schutzpatron der Maler erkoren.

Diese Vielseitigkeit in seiner Fähigkeit, sich den Anforderungen verschiedenster Umstände anzupassen, wird auch in seinen literarischen Erzeugnissen sichtbar. Er konnte ohne weiteres vom gelehrten Historikerstil zu einem volkstümlicheren übergehen. Es fiel ihm ebenso leicht, lebendige Erzählung wie klassische Prosa zu verfassen. Jahrhunderte bevor die Psychologie zu den Wissenschaften gerechnet wurde und als die Psychiatrie noch unbekannt war, verriet Lukas einen klaren Einblick in die Geheimnisse und Anlagen des menschlichen Inneren, was auf sorgfältiges Nachdenken und Studium schließen läßt.

Der unermüdliche Missionar

Seine Liebe zu Gesang und Poesie haben wir gewürdigt, doch über diese Natur- und Gnadengaben hinaus war er auch ein unermüdlicher Missionar. Er begleitete nicht nur Paulus auf vielen seiner

Reisen, sondern besuchte auch die wachsende Zahl von Gemeinden, in denen er bekannt war und gerühmt wurde (2. Kor. 8,18). So finden wir in diesem Manne alles: den Arzt, Historiker, Poeten, Künstler, Missionar und den treuen Freund des größten Missionars der Welt.

Sowohl Hieronymus wie auch Eusebius schreiben, daß er aus Antiochien in Syrien stammte, und es gibt gewichtige Gründe, die das als zutreffend erscheinen lassen. Er unterschied sich von den anderen neutestamentlichen Schreibern dadurch, daß er als einziger kein Jude war. Im 4. Jahrhundert schrieb Eusebius über ihn: «Lukas, der ein Antiochianer und Arzt von Beruf war, begleitete Paulus während langer Zeit und führte gründliche Gespräche mit den anderen Aposteln, und in zwei Büchern hinterläßt er uns Beispiele der Seelenheilkunde, welche er von ihnen hatte.» (Eusebius, *Historia Ecclesiastica, III.4*)

Drei Städte boten Lukas die Möglichkeit eines allgemeinen wie eines Medizinstudiums: Alexandrien, Athen und Tarsus. Seine Verbindung zu Saulus von Tarsus macht es wahrscheinlich, daß er in Tarsus studierte. Dort konnte er eine unerreichte klassische Ausbildung erhalten, und es kann sein, daß sich die Freunde dort kennenlernten. Die Vermutung ist aufgetaucht, er könnte ein Sklave von Theophilus gewesen sein, dem seine beiden Bücher gewidmet sind. Es war nichts Ungewöhnliches in jenen Tagen, daß ein wohlhabender Mann einen begabten Sklaven Medizin studieren ließ und ihm die Freiheit gab. Daß Theophilus ein Mann in gehobener Stellung war, ist aus der Anrede des Lukas ersichtlich: «Hochgeehrter Theophilus» (Luk. 1,3). Ein ungefähr äquivalenter moderner Ausdruck wäre «Eure Exzellenz».

In bezug auf seine Bekehrung zum Christentum gibt es keinen autoritativen Bericht, doch Tertullian schreibt sie dem Einfluß des Paulus zu. Es existiert eine Überlieferung, nach welcher er vor seiner Bekehrung zum Judentum übergetreten und somit Proselyt geworden war.

Der geliebte Arzt

Sogar wenn Paulus nicht von Lukas, «dem geliebten Arzt», geschrieben hätte, könnte man seine Beziehung zur Medizin aus gewissen Hinweisen in seinen Schriften ableiten. Dr. Howard A. Kelly, ein von seinen Mitchristen sehr geschätzter amerikanischer Medizinprofessor, schrieb über Lukas: «Seine Schriften selber tragen den Stempel eines Mediziners, und sein Beruf schimmert unstreitig in den von ihm verwendeten Worten durch. Das sehen wir besonders bei den technischen medizinischen Ausdrücken, die er gebraucht, aber auch bei gewissen Details seiner Beschreibung von Heilungswundern. Bei der Schilderung anderer Begebenheiten greift er instinktiv auf Ausdrücke zurück, wie man sie größtenteils nur bei medizinischen Autoren der Griechen fand.»[4] Er allein berichtet uns, daß Jesus sich selbst als «Arzt» bezeichnete (4,23).

Dr. Kelly weist darauf hin, daß er in seiner Beschreibung des Gelähmten einen rein medizinischen Ausdruck gebraucht (5,18), während Matthäus und Markus im gleichen Zusammenhang einen volkstümlicheren Ausdruck für Lähmung verwenden. In seiner Beschreibung der blutflüssigen Frau erwähnt Lukas als medizinische Details, daß sie seit zwölf Jahren darunter gelitten hatte, daß man ihrer Krankheit nicht hatte beikommen können und daß ihr Blutfluß zum Stillstand gebracht wurde. Besonders der letzte Hinweis ist typisch medizinisch, wie der Gebrauch desselben Ausdrucks durch Hippokrates, den Vater der Medizin, zeigt.

Ein weiterer medizinischer Anklang ist in der Feststellung Jesu zu erkennen, daß «es leichter ist, daß ein Kamel durch ein Nadelöhr kommt, als daß ein Reicher in das Reich Gottes kommt» (18,25). Lukas gebraucht hier andere Ausdrücke als die beiden andern Synoptiker. Sein Wort für «Nadel» meint eine Chirurgennadel, und sein Wort für «Auge» ist ein medizinischer Ausdruck zur Bezeichnung eines Loches oder einer Perforation irgendwelcher Art am Körper. Als Jesus zu den Schriftgelehrten redete, sagte er: «... doch ihr selbst rührt sie (die Lasten) nicht mit einem einzigen Finger an.» Lukas gebrauchte das Wort, welches eine medizinische Untersuchung des Körpers mit Hilfe des Abtastens bedeutet.

Es hat den Anschein, daß Lukas sein medizinisches Können auf Malta zur Anwendung brachte (Apg. 28,8). Publius wurde durch das Gebet des Paulus vom Fieber und von der Ruhr geheilt. Aber in Vers 9 wird berichtet, daß «auch die andern Kranken der Insel herbeikamen und sich gesund machen ließen». Nach Auffassung von Sir William Ramsay bedeutet diese Aussage, daß sie ärztliche Behandlung erhielten — wahrscheinlich von Lukas, der mit zur Gruppe gehörte.

Aus diesen Beispielen, wie er medizinische Ausdrücke gebrauchte, wird deutlich, daß unverkennbare Spuren von ärztlicher Diagnose und medizinischem Wissen vorhanden sind. Manche glauben aufgrund des Interesses von Lukas an der Seefahrt und aufgrund seines genauen Berichtes über den Schiffbruch in Kapitel 27, daß er vielleicht Schiffsarzt gewesen war.

Charakteristische Themen

Die in diesem Evangelium im Vordergrund stehenden Themen sind charakteristisch für seinen Verfasser. Als *Geburtsevangelium* vermittelt es uns den größten Teil unseres Wissens über das einzigartige Ereignis der Geburt Christi. Manche Theologen glauben, daß in der griechischen Form gewisser Sätze über die Geburt Jesu ein direkter Bericht aus dem Munde Marias selbst zu erkennen ist. Und wer anders als Maria konnte solche heiligen und intimen Einzelheiten berichten, wie Lukas sie mit soviel Feingefühl wiedergibt?

Wenn Maria noch lebte, als das Evangelium geschrieben wurde — was durchaus möglich war —, was wäre dann wahrscheinlicher, als daß dieser exakte Historiker direkt zu ihr gegangen ist, um das gewünschte Material zu bekommen? Auf jeden Fall stand er mit der Apostelschar in Verbindung, so daß er die Informationen von ihnen bekommen haben könnte.

Es ist auch das *Evangelium des Frauentums* und spiegelt nicht nur die Einstellung unseres Herrn, sondern auch die des Verfassers wider. Mehr als die anderen Evangelisten bringt er die Rolle und die mißliche Lage der Frauen im Orient, besonders der Witwen, zur Geltung. In dem, was er über das Frauentum schreibt, wird die angeborene Höflichkeit und Güte des Arztes sichtbar. Die Achtung und Aufmerksamkeit, die er den Frauen zollt, heben sich stark ab von der Gefühllosigkeit der anderen Männer jener Zeit.

Wenn man bedenkt, daß die Rabbiner in der jüdischen Liturgie Gott dafür danken, daß sie nicht als Frauen auf die Welt gekommen sind, dann ist die Stellung, die er den Frauen einräumt, geradezu revolutionär. Er war bemüht, aufzuzeigen, daß Jesus eine gänzlich andere Einstellung zu der Frauenverachtung hatte, wie sie bei Juden wie bei Heiden anzutreffen war.

Es ist Lukas, der uns das *Evangelium der Kindheit* gegeben hat. Ihm verdanken wir die Geschichten über die Geburt, die Kindheit und die Knabenzeit von Johannes dem Täufer und von Jesus. Er allein berichtet von dem aufschlußreichen Vorfall, als der Knabe Jesus in Jerusalem zurückblieb, um von den Rabbinern zu lernen (2,42-52). Welch eine Lichtesfülle werfen diese wenigen Verse auf das Wesen des Menschseins Jesu!

Dann ist es das *Evangelium der Armen* und der *sozial Benachteiligten*. Lukas besaß offenbar ein starkes soziales Verantwortungsbewußtsein. Fast automatisch schien er sich für die Unterdrückten einzusetzen. Er stellt Jesus gerne als Freund der Ausgestoßenen und Sünder dar; so finden wir bei ihm die Geschichten vom Zöllner, dem verlorenen Sohn, dem reuigen Schächer, vom reichen Mann und Lazarus. Es ist Lukas, der uns berichtet, wie Jesus Jesajas Worte auf sich bezog: «Der Herr hat mich gesandt, das Evangelium den Armen zu predigen» (4,18).

Es ist das *Evangelium des Gebets*. Das bildet eines der Hauptthemen, und wir finden bei ihm deshalb besonders auch die Gebete, die Jesus in kritischen Momenten seines Dienstes sprach. Es ist auffallend, daß sich sieben von den neun Gebeten, die Lukas wiedergibt, nur in seinem Evangelium finden. Das Gebet ist auch der Brennpunkt in den anschaulichen Gleichnissen vom Freund in der Mitternacht, vom ungerechten Richter und vom Pharisäer und Zöllner.

Wir verzeichnen bei Lukas ein starkes Interesse am *Dienst der Engel*. Dreiundzwanzigmal sind Engel in seinem Evangelium erwähnt, und hinzu kommen neunzehn weitere Begebenheiten in der Apostelgeschichte. Mehr als irgendeinem anderen Autor verdanken wir Lukas unser Wissen über Engel und die unsichtbare Welt.

Eine besondere Freundschaft

Die Beziehung zwischen Lukas und Paulus übte einen starken, formenden Einfluß auf Lukas aus. Tiefe Zuneigung verband die beiden miteinander, und es ist nicht ausgeschlossen, daß er durch Paulus mit der Evangeliumswahrheit in Berührung kam. Diese Beziehung bedeutete auch, daß er mit den Ansichten und der Lehre von Paulus vertraut war. Paulus war ohne Zweifel sein Vorbild, und das übte einen großen Einfluß auf seine eigenen Auffassungen aus. Irenäus meinte, Lukas hätte «in einem Buche das Evangelium niedergeschrieben, das Paulus predigte», eine Ansicht, die durch die Ähnlichkeit der Auffassungen und die Ausdrucksweise beider Männer bestärkt wird.

Paulus besaß einen starken Sinn für Freundschaft, und kein Riß beeinträchtigte ihre Beziehung, wie es mit Barnabas der Fall gewesen war. Zwischen ihnen herrschte wärmstes Einverständnis und gegenseitige Wertschätzung. Man kann sich unschwer vorstellen, was eine solche Freundschaft für Paulus inmitten seiner Erkrankungen und Sorgen bedeutete.

In diesem Zusammenhang schrieb Robert E. Speer: «Wenn die Sorge für alle Gemeinden und die Nachrichten über Irrlehren und sittliches Versagen schwer auf seiner Seele lasteten, welch eine große Wohltat muß es dann für Paulus gewesen sein, in der heitergelassenen Gesellschaft von Lukas zu verweilen und bei ihm das besänftigende Gegengewicht zu finden, diese geduldige Ergebung in das, was man nicht ändern kann ... Dinge, die die Atmosphäre um einen jeden 'geliebten Arzt' herum mit Balsam und Stärke erfüllen.»[5]

Die Wir-Abschnitte

Was als «Wir-Abschnitte» in der Apostelgeschichte bekannt ist, sind Berichte über Reisen, welche Lukas als Begleiter und Privatarzt von Paulus mitmachte (16,10-17; 20,4-15; 21,1-18; 27,1-28,16). Das erste Mal schloß er sich in Troas Paulus an, und in der Folge unternahm er mehrere Reisen mit ihm. Nach Beendigung der Haft des Paulus in Cäsarea begleitete Lukas ihn nach Rom und blieb bei ihm während seiner zweiten Gefängnishaft.

Der Apostel konnte sich glücklich schätzen, einen solchen loyalen und ergebenen Freund zu haben, und er würdigte auch dessen mutige Liebe und Treue. Mit Wehmut schreibt der alte Streiter: «Bei meinem ersten Verhör stand mir niemand bei, sondern sie verließen mich alle ... Demas hat mich verlassen, Kreszens ist nach Galatien gezogen ... Lukas ist allein bei mir» (2. Tim. 4,16.10 f.).

Allgemein wird angenommen, daß Lukas der Bruder war, «dessen Dienst am Evangelium in allen Gemeinden gerühmt wird» (2. Kor. 8,18). Diese Tatsache seines hohen Ansehens «in allen Gemeinden» gibt uns den Schlüssel für die Zeit, wo er nicht bei Paulus war — es könnten sieben Jahre gewesen sein.

Während dieser Zeit muß er die verschiedenen Gemeinden aufgesucht haben. Aufgrund dessen, was wir über ihn erfahren haben, ist es nicht unrealistisch, anzunehmen, daß er eine wunderbare Zeit hatte beim Missionieren in den so von ihm geliebten Gemeinden.

Was seine späteren Jahre sowie seinen Tod betrifft, so gibt es wenig, was wirklich authentisch ist. Es ist nicht unwahrscheinlich, daß er als Märtyrer starb. Eine Stelle bei Epiphanius besagt, daß er in Dalmatien, Gallien, Italien und Mazedonien predigte. Gregor von Nazianz zählt ihn als erster zu den Märtyrern, während Nicephorus schreibt, daß Lukas während eines Dienstes in Griechenland an einem Olivenbaum aufgehängt wurde und unverheiratet und kinderlos starb. Ob diese Überlieferungen wahr sind oder nicht, jedenfalls hinterließ Lukas ein Zeugnis, das vom Wohlgeruch seines Herrn durchdrungen ist.

Kapitel 20

Apollos —
der volkstümliche Prediger

Apollos ... ein redegewandter Mann und sehr bewandert in der Heiligen Schrift. (Apg. 18,24)

«Der Mangel an vollmächtigen, volkstümlichen Predigern ist eines der alarmierendsten Zeichen in den Gemeinden. Wo ist Apollos? Die Gemeinschaft erkennt ihn, wenn er erscheint, und keine noch so intensive Reklame wird auf die Dauer die Öffentlichkeit davon überzeugen, daß jemand ein Apollos ist, der es eben doch nicht ist. Beredtsamkeit ist Gottes größte Waffe in vergangenen Tagen gewesen, und für die Menschheit, so wie sie ist, wird sie ihre überragende Bedeutung beibehalten. Gott möge den Einfluß einer vom Himmel inspirierten Beredtsamkeit erhalten.»[1]

Dinsdale T. Young

Bezugsstellen: Apostelgeschichte 18,24; 19,1; 1. Korinther 1,12; 3,4-6.22; 4,6; 16,12; Titus 3,13.

Apollos war der volkstümliche Prediger par excellence, gelehrt, feurig, überzeugend. Er war ein Jude aus Alexandrien, der drittgrößten Stadt des römischen Imperiums. Zu jener Zeit war es die Metropole griechischer Kultur und Gelehrsamkeit. Es beherbergte in seinen Mauern eine berühmte ägyptische Bibliothek, und da es eine Universitätsstadt war, war unter ihren Bürgern ein einzigartiges Zusammenfließen von griechischer, hebräischer und orientalischer Kultur und Philosophie anzutreffen. Es gab keine andere Stadt, die günstigere Voraussetzungen für das Erwerben einer hervorragenden Bildung bot.

Alexandrien war gleichzeitig auch das Nervenzentrum des hellenistischen Judaismus. Die Hellenisten waren Juden, die stark von der griechischen Kultur beeinflußt waren und Griechisch als Muttersprache angenommen hatten. So war Apollos ein Mann, in dem sich jüdische und hellenistische Ideen vereinigten.

Ein talentierter Mann

W.G. Scroggie schrieb: «Das erste Mal erscheint er in Ephesus — wie ein feuriger Komet am Gemeindehimmel, allen Widerstand und Unglauben mit dem Ansturm seiner leidenschaftlichen und logischen Beredtsamkeit niederwerfend.»[2]

Er war ein äußerst talentierter Mann, der eine seltene Vielfalt in seinem Dienst an den Tag legte. Er war ein eloquenter Redner, welcher erhabene Wahrheiten und tiefe Gefühle sprachgewandt und überzeugend auszudrücken vermochte. Das von Lukas gebrauchte Wort «redegewandt» bezeichnet sowohl Wissen wie auch Flüssigkeit im Ausdruck.

Seine Beredtsamkeit war nicht bloße Wortfülle, sondern Ausdruck echter Gelehrsamkeit und Kultur. Er konnte die Massen mit leidenschaftlichen Aufrufen bewegen, die ebenso den Intellekt wie das Gefühl ergriffen.

So populär und mächtig war seine Verkündigung, daß sich zu seiner Bestürzung ein Persönlichkeitskult um ihn herum unter den unbeständigen, sensationslüsternen Korinthern zu entwickeln begann.

«Der eine unter euch sagt: Ich gehöre zu Paulus; der andere: Ich zu Apollos, der dritte: Ich zu Kephas» (1. Kor. 1,12). Apollos' Predigt war wahrscheinlich interessanter als die des Theologen Paulus, und man kann sich vorstellen, wie seine Bewunderer zu anderen sagten: «Du mußt einmal diesen Apollos hören! Mir gefällt er viel besser als Paulus!»

Doch Paulus wie Apollos waren betrübt, daß sie Ursache zu Unstimmigkeiten und Spaltung in der Gemeinde sein sollten. Sie wollten auf keinen Fall etwas mit dieser fleischlichen Vernarrtheit zu tun haben. Als Paulus ihn drängte, nach Korinth zurückzukehren, während er selber nicht hinging (1. Kor. 16,12), weigerte sich Apollos. Er wollte nicht mit ihren Parteiungen identifiziert werden. Sein Verlangen war, daß seine gottgeschenkte Redegabe seinen Meister verherrlichte und nicht seine eigene Volkstümlichkeit vermehrte.

Gott ist in bezug auf die Verkündigung seines Evangeliums nicht auf Beredtsamkeit angewiesen. Dennoch liegt auf der Hand, daß er sich die Jahrhunderte hindurch gerne einer geheiligten Rhetorik als einer der mächtigsten Waffen in seinem Zeughaus bedient hat.

Hand in Hand mit seinem geschliffenen rhetorischen Stil ging sein Brennen im Geist (Apg. 18,25). Gekoppelt mit der Erleuchtung seines Geistes war die Leidenschaftlichkeit seines Herzens. Er brannte innerlich vor lauterer heiliger Passion. Hatte er etwas von dem brennenden Eifer Johannes des Täufers abbekommen? Seine Eloquenz und überwältigende Überzeugungskraft entströmten dem Feuer seines eigenen Herzens, und das verlieh seiner Predigt eine einzigartige Qualität. Biblisch gegründete Sprachgewandtheit und biblischer Eifer bilden eine unwiderstehliche Kombination, wenn sie vom Feuer des Geistes berührt werden (6,10).

Eifer, Inbrunst und Enthusiasmus haben ihren Platz im Reiche Gottes. Kalte Predigt mag vielleicht dem Verstand etwas mitteilen, wird aber kaum Herz und Willen bewegen oder eine heilige Aktivität auslösen. Feuer ist es, was wir brauchen!

Mächtig in der Schrift

Zusätzlich zu seiner ausgesprochenen Predigtbegabung war Apollos auch «sehr bewandert (oder mächtig) in der Heiligen Schrift» (18,24). Als Hellenist war er besonders erfahren im Gebrauch der griechischen Septuaginta, die ja in seiner eigenen Heimatstadt Alexandrien übersetzt und herausgegeben worden war. Seine natürlichen Gaben befähigten ihn, den Buchstaben der Heiligen Schrift, die er offenbar gründlich studiert hatte, zu erfassen und zu verstehen. Man wird auf keinem Gebiete «mächtig», wenn man sich nicht fleißig darum bemüht.

Der Ausdruck «in der Lehre des Herrn unterwiesen» (18,25) bezeichnet gewöhnlich mündliche Unterweisung und bedeutet hier vielleicht, daß er einen besonderen Kurs für Redner und Lehrer genommen hat. Vom Wort «unterwiesen» im Griechischen stammt unser Wort «Katechismus».

Es ist schwierig, anhand der spärlichen Bibelstellen Umfang und Art seines Wissens über die Evangeliumswahrheit festzustellen. Als Jude war er sicher im Ritual und in den messianischen Prophezeiungen des Alten Testamentes bewandert. Obwohl der Ausdruck «die Lehre des Herrn» vielleicht «die Lehre des Herrn

Jesus» meint, ist es doch wahrscheinlicher, daß er sich eher auf die messianische Weissagung als auf das Christentum bezieht.

Apollos war bereits mit der Taufe des Johannes zur Buße getauft worden, aber offensichtlich hatte er noch nichts von der christlichen Taufe oder von der Taufe auf den Namen des Herrn Jesus gehört und befand sich deshalb weitgehend in der Lage der Leute von Ephesus (19,3). Wir dürfen mit Sicherheit annehmen, daß er unter der Unterweisung durch Aquila und Priszilla die christliche Taufe angenommen hatte und auch mit dem Geist erfüllt war.

Sein Wissen über den vollen Inhalt der Evangeliumsbotschaft war offenbar mangelhaft, wenn nicht sogar stellenweise fehlerhaft gewesen. Er konnte «zutreffend von Jesus» lehren, aber das bezog sich mehr auf die Tatsachen aus dem Leben Jesu, seine moralischen Grundsätze und ethischen Lehren als auf die tieferen Wahrheiten, über die Jesus mit seinen Jüngern im Obersaal redete. Er mußte jedoch eine gewisse authentische Belehrung über Jesus empfangen haben, wenngleich sie auch unvollständig gewesen sein mochte. Wichtig ist, zu beachten, daß er so viel mitteilte, wie er wußte, und Gott sorgte dafür, daß er mehr Licht bekam. Nichts bereitete ihm größere Freude, als die Heilige Schrift zu erklären.

Dabei war er ein sorgfältiger Schriftausleger. So peinlich genau Lukas seinen Bericht gibt, so sorgfältig prüfte Apollos die Tatsachen und Quellen: «Er lehrte zutreffend von Jesus.» Ob in seinen privaten Gesprächen oder beim öffentlichen Lehren — immer war er gewissenhaft in dem, was er redete.

Die Bedeutung des griechischen Adverbs ist, ein Thema gründlich und sorgfältig auszuführen. Er war kein schludriger Prediger, der seine Predigtvorbereitung bis auf den Samstag verschob. Beredtsamkeit ist gut, darf aber nicht auf Kosten der Sorgfalt gehen. Die von uns verkündigten Wahrheiten haben Ewigkeitsbedeutung und dürfen deshalb nicht sorglos dargelegt werden.

Ein populärer Apologete

Seine Predigt war volkstümlich, aber auch mutig, eine Kombination, die nicht immer vorhanden ist. Apollos predigte nicht seiner Zuhörerschaft zu Gefallen. Im vollen Bewußtsein des Widerstandes «fing er an, frei und offen in der Synagoge zu predigen» (18,26). Er redete nicht aus der Verteidigung heraus, sondern behielt die Initiative.

Obwohl er seine Botschaft nicht verteidigte, war er ein fähiger Apologet, «denn er widerlegte die Juden gründlich». Er verkündigte nicht nur positive Wahrheit, sondern trat den Argumenten seiner Gegner wirkungsvoll entgegen.

«Widerlegen» ist ein starker Ausdruck und bedeutet eigentlich: «in jedem Punkt widerlegen.» Nur in Lukas 23,10 wird dieses Wort noch einmal gebraucht: «Die Hohenpriester und Schriftgelehrten aber standen dabei und klagten ihn heftig an.» Sie traten Jesus mit unchristlicher Heftigkeit entgegen, Apollos aber begegnete seinen Widersachern mit gerechtfertigter christlicher Vehemenz. Er war von seinen Glaubensansichten fest überzeugt und bereit, sie konsequent zu rechtfertigen.

Seine kräftige Verteidigung des Evangeliums bedeutete eine große Stärkung für die junge Gemeinde in Achaja, die zu besuchen Paulus ihn ermutigt hatte. «Er half durch seine Gnadengabe denen sehr, die gläubig geworden waren» (18,27). Es bedeutete viel für diese Neubekehrten, den Beistand eines solchen mutigen Verfechters zu erhalten.

Anscheinend verstand er sich ausgezeichnet darauf, die Erfüllung der messianischen Prophezeiungen des Alten Testaments durch Christus aufzuzeigen. Seine Widersacher vermochten ihm nicht zu antworten, als er von ihrer eigenen Bibel her zeigen konnte, daß Jesus der Messias war, auf den sie so lange gewartet hatten. Er konnte auf alle ihre Argumente überzeugende Gegenargumente vorbringen.

Der Verfasser des Hebräerbriefes?

Martin Luther wirft ein interessantes Streiflicht auf die Bibelkenntnis des Apollos, wenn er die Auffassung vertritt, daß Apollos der Autor des anonymen Hebräerbriefes gewesen sei. Dean Alford unterstützt diese Ansicht; doch obgleich gewichtige Argumente dafür sprechen, kann man es nicht endgültig nachweisen.

Luther selbst hegte keinerlei Zweifel darüber. Zur Stützung seiner Position wies er darauf hin, daß der Verfasser — ob Apollos oder nicht — gut vertraut war mit der alexandrinischen Methode typischer Interpretation; er bediente sich meisterhaft der griechischen Sprache: er dachte und argumentierte wie ein gebildeter Alexandriner. Da der Brief an die Gläubigen der zweiten Generation geschrieben war, wäre es ein Vorteil gewesen, wenn der Verfasser auch dazu gehört hätte. Luthers Argument war, daß Apollos diese Voraussetzungen aufs beste erfüllte. Was wir anhand vorhandener Angaben über ihn wissen, könnte ihn tatsächlich als Autor erscheinen lassen.

Es gibt jedoch auch entgegenstehende Faktoren. Keiner der Kirchenväter, die den Ereignissen zeitlich doch viel näherstanden als Luther, hat je auf die Möglichkeit seiner Autorschaft hingewiesen. Seit frühester Zeit haben die alexandrinischen Christen den Brief einem anderen Verfasser zugeschrieben — ein unwahrscheinliches Verhalten, wenn es irgendeinen Hinweis gegeben hätte, daß einer ihrer verehrten Söhne der Autor gewesen wäre.

J. S. Baxter macht auch auf folgendes aufmerksam: «Apollos war ein alexandrinischer Jude; aber verlangt der Brief nicht einen Juden mit einer langjährigen und eingehenden Kenntnis Jerusalems und des Tempels und der jüdischen Gläubigen dort?»[3]

Formende Einflüsse

Abgesehen von Paulus, übten zwei Laien-Mitarbeiter, Priszilla und Aquila, den größten formenden Einfluß auf sein Leben aus. Durch einen repressiven Erlaß des Kaisers Claudius war dieses außerordentliche gläubige Ehepaar gezwungen worden, von Rom auszuwandern. Nachdem sie über Ephesus nach Korinth gekommen waren, begründeten sie hier ein Zeltmachergeschäft, in dem auch Paulus mitarbeitete und ihre Gastfreundschaft genoß.

Das Format dieser bedeutenden Christen läßt sich anhand der Lobesworte von Paulus ermessen: «Grüßt die Priska und den Aquila, meine Mitarbeiter in Christus Jesus, die für mein Leben ihren Hals hingehalten haben, denen nicht nur ich zu danken habe, sondern alle Gemeinden unter den Heiden» (Röm. 16,3 f.). Eine wirkliche Anerkennung!

Weil Priszilla gewöhnlich zuerst genannt wird, ist vermutet worden, daß sie eine Frau von hohem gesellschaftlichem Rang war. Aber vielleicht geschah es einfach deshalb, weil sie die dominierende Persönlichkeit in dieser glücklichen Partnerschaft war. Es kommt keineswegs so selten vor, daß die Frau dem Mann voraus ist, und der biblische Bericht hebt die Rolle hervor, die sie bei der theologischen Ausbildung von Apollos spielte.

Als Apollos, ebenfalls Flüchtling, nach Ephesus kam, fühlte er sich zur Synagoge hingezogen, und es dauerte nicht lange, so fand man ihn mit ungewöhnlicher Kraft und Leidenschaft predigend vor. Aber obwohl er beredt und mächtig in der Schrift war, merkten die geistlich reiferen Gläubigen Priszilla und Aquila, daß seiner Predigt etwas fehlte. Sie war brillant und sprach die Herzen an, aber sie vermißten etwas Wesentliches. Die feinfühlige Art, wie sie sich in dieser Situation verhielten, verdient unsere Anerkennung. Anstatt seinen Mangel an Erleuchtung zu kritisieren, freundeten sie sich mit ihm an und luden ihn zu sich nach Hause ein. Welch eine ermutigende Wohltat für einen Fremden unter Fremden, eine solche warme Glaubensgemeinschaft zu erleben!

In dieser angenehmen Atmosphäre war es eine leichte und natürliche Sache für sie, sein unvollständiges Wissen über den Weg Gottes zu ergänzen. Er predigte schon gemäß seiner Erkenntnis, aber sie halfen ihm, noch besser zu predigen, indem sie die Lücken seiner Wahrheitserkenntnis ausfüllten.

Es spricht für die große Demut dieses brillanten und populären Predigers, daß er es diesen beiden Laien nicht verübelte, ihn auf das Ungenügen seiner Botschaft aufmerksam gemacht zu haben. Im religiösen Klima jener Tage brauchte er nicht wenig Demut, um zu Füßen einer Frau zu sitzen.

Apollos ist ein ausgezeichnetes Beispiel für den ungeheuren Nutzen, den belehrbare Neubekehrte von geistlich reiferen Gläubigen empfangen können, wenn sie sich durch deren Glaubenserfahrung sowie Schrift- und Gotteserkenntnis helfen lassen, auch wenn das akademische Niveau fehlt. Welch einen bleibenden Einfluß hat schon manch eine gottesfürchtige Frau auf einen sich in der Entwicklung befindlichen Reichgottesarbeiter ausgeübt!

Priszilla und Aquila sind ein leuchtendes Beispiel für eine verständnisvolle Seelsorge an einem hervorragenden Schützling. Es ist viel leichter, offensichtliche Fehler zu kritisieren, als den Weg Gottes noch genauer auszulegen.

Es besteht heute in manchen Kreisen eine Tendenz, den Predigtdienst zugunsten eines Dialogs und der persönlichen Seelsorge herabzusetzen. So notwendig und wertvoll sowohl Dialog wie auch Seelsorge für das Gemeindeleben sind, so wenig gibt es einen Ersatz für die vollmächtige, überzeugende, geistgesalbte Predigt. Apollos und seine Nachfolger nehmen immer noch einen ehrenvollen Platz in der Gemeinde ein. Jesus hat seine Jünger ausgesandt, um zu predigen. «Er hat uns geboten, dem Volk zu predigen», sagte Petrus (Apg. 10,42). Dieser Auftrag ist nicht widerrufen worden. «Ich muß es tun; und wehe mir, wenn ich das Evangelium nicht predige!» (1. Kor. 9,16).

Apollos war ein populärer Prediger, aber es war eine Popularität, die einer brennenden Liebe zu Christus und der Ausrüstung mit dem Heiligen Geist entsprang.

Fußnoten

Kapitel 1
1. J. Riem, *The Deluge in Legend and Science,* Agentur des Rauhen Hauses, Hamburg, 1926.
2. W. G. Moorehead, *Outline Studies of Old Testament* (New York, Revell, 1893), S. 21.
3. W. H. G. Thomas, *Genesis* (London, Religious Tract Society n.d.), S. 114.

Kapitel 2
1 Donald Davidson, *Mothers of the Bible* (London, Marshall Morgan & Scott, 1934), S. 18.

Kapitel 3
1. R. E. O. White, *The Exploration of Faith* (Chicago, Moody Press, 1969), S. 65.
2. J. B. Job, *Isaac,* Christian & Christianity Today, 26.1.1968, S. 10.
3. *Commentary,* Jamieson Faussett & Brown (London, Oliphants 1961), S. 32.
4. D. T. Young, *Neglected People of the Bible,* (London, Hodder and Stoughton, 1902), S. 18.

Kapitel 4
1. J. Penn-Lewis, *The Story of Job* (London, Marshall Brothers, 1903), S. 32.
2. J. S. Baxter, *Explore the Bible* (London, Marshall Morgan & Scott, 1951) Bd. 3, S. 25.
3. G. Campbell Morgan, *The Answers of Jesus to Job* (New York, Revell, 1935), S. 19.

Kapitel 5
1. A. B. Simpson, *Hebrews* (Harrisburg, Christian Publns. n.d.), S. 82.
2. W. H. Parker, *Rahab,* Evangelical Christian, März 1942, S. 102.

Kapitel 6
1. Donald Davidson, *Mothers of the Bible* (London, Marshall, 1934), S. 62.
2. W. G. Moorehead, *Outline Studies of Old Testament,* S. 83.

Kapitel 7
1. T. M. Bamber, *Jephthah's Vow,* Keswick Week 1939, S. 73.
2. F. F. Bruce, *The New Bible Commentary,* Revised (London, Inter-Varsity Press 1970), S. 269.
3. *Holy Bible with Commentary,* Bd. 2 (London, John Murray, 1873), S. 184.
4. W. G. Moorehead, *Outline Studies of Old Testament* (New York, Revell, 1903), S. 78.

Kapitel 8
1. Henry W. Frost, *Men who Prayed* (Phil. Sunday School Times, 1915), S. 123.
2. C. E. Macartney, *Greatest Men of the Bible* (New York, Abingdon-Cokesbury 1941), S. 148.
3. E. M. Bounds, *Prayer and Praying Men* (London, Hodder & Stoughton, 1921), S. 82.

Kapitel 9
1. S. M. Zwemer, *Sons of Adam* (Grand Rapids, Baker, 1941), S. 120.
2. W. Graham Scroggie, *The Unfolding Drama of Redemption* (London, Pickering & Inglis, 1953), S. 270.
3. Zwemer, S. 127.

Kapitel 10
1. F. S. Webster, *Allegory or History?* Life of Faith, 15. März 1916, S. 288.
2. R. J. G. McKnight, *The Book of Jonah,* Bible League Quarterly, Juli 1928, S. 153.
3. Ebd. S. 157.
4. H. W. Frost, *Jonah,* The Bible Today, Bd. 27, Nr. 5, Mai-Juni 1933, S. 147.
5. Aus Sunday School Times.

Kapitel 12
1. Alexander Maclaren, *Exposition of Nehemiah,* (New York, G. H. Doran n.d.), S. 329.

Kapitel 13
1. R. G. Turnbull, *Andrew, A Pattern Christian,* Moody Monthly, Oktober 1940, S. 65.
2. Ebd. S. 66.
3. Leon Morris, *Commentary on the Gospel of John* (Grand Rapids, Erdmans, 1971), S. 158.
4. Ebd., S. 592.
5. James I. Vance, *The College of Apostles* (New York, Revell, 1896), S. 27.

Kapitel 14
1. J. S. Holden, *The Master and His Men* (London, Marshall Morgan & Scott, 1953), S. 94.
2. J. I. Vance, *College of the Apostles,* S. 76.
3. W. Hendriksen, *The Gospel of John* (London, Banner of Truth, 1954), S. 466.
4. W. Temple, *Readings in John's Gospel* (London, Macmillan & Co. 1963), S. 371.

Kapitel 15
1. A. T. Robertson, *Luke the Physician,* The Biblical Review, S. 63.

Kapitel 16
1. *Neglected People of the Bible,* S. 201.
2. E. Stanley Jones, *Mastery* (London, Hodder & Stoughton, 1956), S. 113.
3. *Neglected People of the Bible,* S. 223.

Kapitel 17
1. E. M. Blaiklock, *Bible Characters* (London, Scripture Union, 1974), S. 35.
2. W. G. Moorehead, *Outline Studies in the New Testament* (New York, Revell, 1902), S. 17.
3. T. Walker, *Acts of the Apostles,* S. 156.

Kapitel 18
1. Paul S. Rees, *Men of Action* (London, Victory Press, 1966), S. 61.
2. A. T. Pierson, *Acts of the Holy Spirit* (Morgan & Scott n.d.), S. 62.
3. T. Walker, *Acts of the Apostles* (Chicago, Moody Press, 1965), S. 190.
4. G. C. Morgan, *Acts of the Apostles* (New York, Revell, 1924), S. 218.
5. A. T. Robertson, *Word Pictures of New Testament — Luke* (New York, Harpers, 1930), S. 111.

Kapitel 19
1. W. Barclay, *The Gospel of Luke* (Edinburgh, The St. Andrews Press, 1953), S. XIII.
2. W. G. Scroggie, *A Guide to the Gospels* (London, Pickering & Inglis, 1948), S. 336.
3. J. M. E. Ross, *The Gospel of Luke* (London, Religious Tract Society n.d.), S. 42.
4. H. A. Kelly, *Luke the Physician,* Sunday School Times, 3.1.1931, S. 827.
5. R. E. Speer, *The Man Paul* (London, S.W. Partridge n.d.), S. 186.

Kapitel 20
1. Dinsdale-Young, *Neglected People of the Bible* (London, Hodder & Stoughton, 1902), S. 248.
2. W. Graham Scroggie, (London, Scripture Union), Juni 1929, S. 31.
3. J. S. Baxter, *Exploring the Bible,* Bd. 6 (London, Marshall Morgan & Scott, 1955), S. 280.
4. F. W. H. Myers, *Saint Paul* (London; Macmillan & Co. 1910), S. 34.